KB094726

아이가 주인공인 책

아이는 스스로 생각하고 성장합니다.
아이를 존중하고 가능성을 믿을 때
새로운 문제들을 스스로 해결해 나갈 수 있습니다.

〈기적의 학습서〉는 아이가 주인공인 책입니다.
탄탄한 실력을 만드는 체계적인 학습법으로
아이의 공부 자신감을 높여줍니다.

가능성과 꿈을 응원해 주세요.
아이가 주인공인 분위기를 만들어 주고,
작은 노력과 땀방울에 큰 박수를 보내 주세요.
〈기적의 학습서〉가 자녀교육에 힘이 되겠습니다.

안녕, 우리는 비법꼬미야.

디자이너 다츠쌤이 우리를 귀엽게 만들어 주셨고,
이름은 길벗스쿨 기적쌤이 지어주셨지.
아직 그렇게 유명하진 않은데...
너희들이 예뻐라 해 주면 우리도 빵 뜨지 않을까? ^^
우리는 이 책에서 예비 초등 0학년을 맡고 있지!!
이 책으로 너희들이 독해를 잘하려면 우리가 하는 얘기를 잘 들어줘야 해.
우리가 전수하는 비법대로만 따라 하면 독해 그까짓 거 식은 죽 먹기라고~!
같이 해 보자~~!!

초등 문해력, **읽기**로 시작한다!

기본편

길벗스쿨

기 적 의 독해력 P1 예비 초등 기본편

초판 1쇄 발행 2021년 3월 3일
개정 2쇄 발행 2024년 11월 14일

지은이 기적학습연구소
발행인 이종원
발행처 길벗스쿨
출판사 등록일 2006년 6월 16일
주소 서울시 마포구 월드컵로 10길 56(서교동 467-9)
대표 전화 02)332-0931 | **팩스** 02)323-0586
홈페이지 www.gilbutschool.co.kr | **이메일** gilbut@gilbut.co.kr

총괄 신경아(skalion@gilbut.co.kr) | **기획 편집** 박은숙, 유명희, 이은정, 이재숙
제작 이준호, 손일순, 이진혁 | **영업마케팅** 문세연, 박선경, 박다슬 | **웹마케팅** 박달님, 이재윤, 나혜연
영업관리 김명자, 정경화 | **독자지원** 윤정아

표지 디자인 디자인비따 | **본문 디자인** (주)더다츠 | **전산편집** 린 기획
표지 일러스트 이승정 | **본문 일러스트** 김설희
CTP출력 및 인쇄 교보피앤비 | **제본** 신정문화사

▶ 잘못 만든 책은 구입한 서점에서 바꿔 드립니다.
▶ 이 책은 저작권법에 따라 보호받는 저작물이므로 무단전재와 무단복제를 금합니다.
  이 책의 전부 또는 일부를 이용하려면 반드시 사전에 저작권자와 출판사 이름의 서면 동의를 받아야 합니다.

ISBN 979-11-6406-677-3 64710
(길벗스쿨 도서번호 10916)
정가 11,000원

독자의 1초를 아껴주는 정성 **길벗출판사**

길벗스쿨 | 국어학습서, 수학학습서, 유아콘텐츠유닛, 어학학습서, 어린이교양서, 교과서, 길벗스쿨콘텐츠유닛
길벗 | IT실용서, IT/일반 수험서, IT전문서, 어학단행본, 어학수험서, 경제실용서, 취미실용서, 건강실용서, 자녀교육서
더퀘스트 | 인문교양서, 비즈니스서

『기적의 독해력』을 펼친 여러분께 우선 박수를 보냅니다.

이 책은 여러분의 독해력을 키우기 위해 만든 책이에요. '독해력'이 뭐냐고요? 읽을 독(讀), 이해할 해(解), 힘 력(力) 자를 써서, 글을 읽고 이해하는 능력(힘)을 말해요. 지금처럼 이 글을 읽고 무슨 뜻인지 알겠으면 독해가 되고 있다는 거고요. 이 글을 읽고는 있지만 도통 무슨 말인지 모르겠으면 독해가 잘 안되고 있다고 할 수 있죠.

우리는 살면서 많은 글을 읽어요. 그림책, 동화책, 교과서, 하다못해 과자 봉지에 있는 글까지. 그런데 이렇게 많은 글을 읽어도 이해하지 못한다면 얼마나 답답할까요? 글을 읽고 이해가 되어야 깨닫게 되고, 몰랐던 것을 알게 되고, 또 이어질 여러 가지 문제를 해결할 수도 있는데 말이죠.

그래서 '독해'는 모든 공부의 시작이고, '독해력'은 우리가 가져야 할 제일 중요한 능력 중의 하나이지요.

여러분이 펼친 『기적의 독해력』 시리즈는 여러분이 초등 공부를 시작할 때부터 완성할 때까지 함께할 비법서랍니다. 예비 초등학생을 위한 한 문장 독해부터 중학교 입학을 앞둔 6학년을 위한 복합적인 글 독해까지, 기본을 세우고 실력을 다질 수 있는 다양한 유형의 독해 글감과 핵심을 파고드는 문제들을 담고 있어요.

혹시 "글 속에 답이 있다!", "문제에 답이 있다!"라는 말을 들어 보았나요?

『기적의 독해력』 시리즈로 공부하면 여러분은 분명 그 해답을 쉽게 깨치게 됩니다.

잠깐, 쉽다고 대충 하지는 말아요! 글을 꼼꼼히 읽고 내가 잘 읽었는지 찬찬히 떠올리면서 문제까지 수월하게 해결해 나가는 게 가장 핵심이 되는 독해 비법이랍니다. 가끔 문제는 틀려도 돼요. 틀리면서 배우는 게 훨씬 많으니까요!

자, 머뭇거리지 말고 한번 시작해 보세요.

2021년 2월
기적학습연구소 국어팀 일동

독해력, 그것이 알고 싶다!

Q 독해력을 기르려면 무엇부터 해야 할까요?

A 다양한 글을 읽어야지요. 독해력은 하루아침에 길러지는 역량이 아닙니다. 하루에 한 편씩 짧은 글이라도 읽는 습관을 만들어 주는 것이 중요합니다. 또 자신이 읽은 글의 내용을 정리해 본다거나 한 문장으로 요약해 보는 습관을 기른다면 아주 효과적인 독해력 상승을 기대할 수 있습니다. 이 대목에서 '책 읽기'는 두말하면 입 아프겠지요? ^^;

Q 초등 입학 전에 독해 공부가 필요할까요?

A 초등학교에 입학해서 처음 보는 교과서는 기존에 봤던 그림책과는 구조와 수준이 달라서 급격하게 어려움을 느낄 수도 있습니다. 특히 문제 풀이에 어려움을 겪을 수 있으니 간단하고 짧은 글을 읽고, 내용을 이해했는지 가볍게 훑어보며 문제를 푸는 연습을 하면 초등 공부에 큰 도움이 될 것입니다.

Q 읽기는 하는데, 문제를 이해하지 못하는 것 같아요.

A 읽으면 바로 이해할 수 있는 쉬운 문제들도 있지만, 국어 개념이 바탕이 되어야 풀 수 있거나 보기를 읽고 두 번 세 번 확인해 봐야 답을 찾을 수 있는 독해 문제들도 많습니다. 문제를 이해하지 못한다는 것은 1차적으로는 그 문제를 출제한 의도를 파악하지 못하고 있다는 거고요. 그다음엔 어떻게 답을 찾아야 할지 방법을 모르고 있다는 것입니다. 독해도 일종의 기술이 필요한 공부거든요. 무턱대고 읽고 푼다고 해서 독해력이 생기는 것은 아닙니다. 글을 읽는 방법, 문제를 푸는 방법을 알고 있어야 보다 효과적으로 독해의 산을 넘을 수 있습니다.

Q 어휘력도 중요한 거 같은데, 어떻게 길러야 할까요?

A 어휘력은 독해력을 키우는 무기와 같습니다. 글을 잘 읽다가도 낯선 어휘에서 멈칫하거나 그 뜻을 파악하지 못해서 독해가 안되는 경우가 많거든요. 어휘력 역시 단번에 키우긴 어렵습니다. 그래서 독해 훈련을 통해 어휘력을 키우는 방법을 추천합니다. 글을 읽을 때 낯선 어휘를 만나면 문맥의 의미를 파악하는 연습을 꾸준히 하는 거죠. 그래도 모르는 낱말은 그냥 넘어가지 말고 국어사전을 찾아보는 습관을 들이세요.

Q 시중에 나와 있는 독해력 교재가 너무 많더라고요. 어떤 게 좋은 거죠?

A 단연 『기적의 독해력』을 꼽고 싶습니다만, 시중에 나와 있는 독해력 교재들이 모두 훌륭하더군요. 일단은 아이의 수준에 맞게 선택하는 게 가장 현명할 것입니다. 방법을 잘 몰라서 문제 풀이에 어려움을 겪는 친구들은 독해의 기본기를 다룬 쉬운 교재를, 어느 정도 독해가 가능한 친구들은 다양한 문제를 풀어 볼 수 있는 실전 교재를 선택해 보는 것이 좋습니다. (마침 『기적의 독해력』이 딱 그런 구성을 갖추고 있습니다.)

Q 『기적의 독해력』은 어떻게 바뀌었나요?

A 예비 초등(0학년)을 시작으로 6학년까지 학년별로 2권씩 구성되어 있습니다. 단계와 난이도가 종전보다 세분화되었는데요. 특히 독해 문제 풀이에 어려움을 겪는 친구들을 위해 독해 비법을 강화하여 독해의 기본기를 다진 후에 실전 문제로 실력을 완성시킬 수 있도록 구조화하였습니다.

비법 훈련   **문제 훈련**

기본편   **실력편**

기본편 은 독해의 시작이라 할 수 있는 기본서입니다. 학년별로 16가지의 독해 비법을 담고 있지요. 글의 종류에 따라 읽는 방법과 필수 유형 문제를 효과적으로 푸는 방법을 친절하게 안내하고 있어요.
+ 예비 초등의 경우, 독해를 시작하기 전에 알아 두어야 할 꼼꼼 독해 비법 5가지를 담았습니다.

실력편 은 독해의 완성이라 할 수 있는 실력서입니다. 교과 과정에 맞춘 실전 문제와 최상위 독해로 구성하여 앞서 배운 비법을 그대로 적용하면서 실력을 키울 수 있습니다.
+ 예비 초등의 경우, 짧은 글로 독해 연습을 할 수 있도록 구성하였습니다.

Q 그럼 두 권을 같이 보나요?

A 독해 문제가 익숙하지 않은 친구는 **기본편** 으로 독해의 기초를 탄탄하게 쌓으면 되고요. 독해 문제가 익숙한 친구는 **실력편** 으로 단계를 올려서 실전에 대비하는 것도 필요합니다. 1학기는 **기본편** 으로, 2학기는 **실력편** 으로 촘촘하게 독해력을 키워 보는 것은 어떨까요?

Q 실력편 의 최상위 독해는 어떤 독해인가요?

A 최상위 독해는 복합 지문과 통합형 문제로 구성된 특별 코너입니다. 일반적인 독해가 단편적인 하나의 글을 읽고, 기본적인 문제를 풀어 가는 것이라면 **실력편** 5일 차에 수록된 복합 지문은 두 가지 이상의 글을 읽고 문제를 해결해야 하는 난이도가 높은 독해입니다. 같은 주제를 다루고 있는 두 편의 글이나 소재는 다르지만 종류는 같은 두 편의 글을 읽고, 통합 사고력 문제를 해결해야 해서 기존의 독해 문제보다는 조금 어려울 수 있습니다.
쉬운 글과 기본 문제만으로는 실력을 키우기 어렵지요. 자신의 수준보다 약간 어려운 문제도 해결하면서 실력을 월등하게 키워 나가길 바랍니다.

Q 『기적의 독서 논술』과는 어떤 차이가 있나요?

A 독해력이 모든 공부의 시작이라면, 독서 논술은 모든 공부의 완성이라 할 수 있습니다. 독해력이 단편적인 글을 읽고 이해하며 적용해 가는 훈련이라면, 독서 논술은 한 편의 긴 글을 읽고, 자신의 생각을 정리해서 표현해 보는 훈련 과정을 거치기 때문에 두 시리즈 모두 국어 실력 향상에는 꼭 필요한 교재랍니다. 한 학년에 독해력 2권, 독서 논술 2권이면 기본과 실력을 모두 갖추게 될 것입니다.

01

하루 4쪽
DAY 학습

02

독해 맛보기

03

3단계
독해 연습

처음
독해

⌄

문장
독해

⌄

문단
독해

1단계 처음 독해

이제 한글을 막 떼고 짧은 글을 읽을 줄 안다면 처음 독해는
'누가, 무엇을, 언제, 어디에서, 어떻게, 왜 하는지' 읽고 파악하는 것으로
기초적인 독해 연습을 시작합니다.

예시 문제

비법꼬미가 이야기한 대로 주어진 글 속에서 파악해야 할 핵심적인
요소들을 찾아봅니다. 그림은 독해를 돕는 보조 수단이므로 가급적
글을 읽고 답을 찾을 수 있도록 지도해 주세요.

연습 문제

그림이 없는 문장(지문)에서 앞서 배운 핵심 내용을 찾는 연습을 합니다.

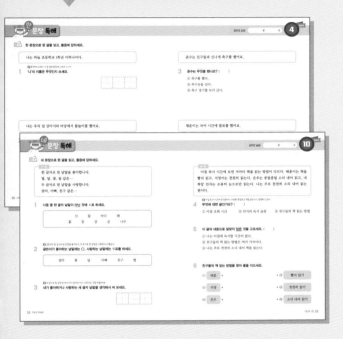

하나의 문장을 읽고, 그에 따른 이해도를 파악하는 문제가 제시됩니다. 짧은 문장이어서 읽으면 바로 답을 알 수 있는 문제도 많지만, 한 번 더 생각해 봐야 하는 문제도 있습니다.

차근차근 읽으며 문제를 해결하는 습관을 만들어 보세요.

하나의 주제를 가진 문단 독해를 연습합니다. 독해에 앞서 글에 나오는 어려운 낱말 하나를 먼저 익히고 독해를 시작하세요.

주제를 담고 있는 한 문단에서 두 문단까지 지문의 양이 늘었습니다. 꼼꼼하게 읽고, 주어진 문제를 해결하는 데 집중하세요.

★ 10쪽에 있는 '꼼꼼 독해 비법'을 알아 두면 문제 풀이가 훨씬 수월해집니다.

차례

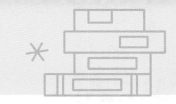

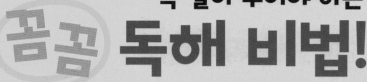 **0학년**이 독해를 하기 전에
꼭 알아 두어야 하는

꼼꼼 독해 비법!

독해란, 글을 읽고 무슨 내용인지
제대로 알아가면서 문제를
해결하는 거야!

 **비법1**

일단 글을 **꼼꼼**하게 읽자.

글자만 보지 말고, 내용을 이해하면서 생각을 해야지.
한글을 뗀 0학년이라면 소리 내어 읽는 것도 좋아.

 **비법2**

문제도 **꼼꼼**하게 읽자.

독해는 문제를 잘 이해하면 충분히 풀 수 있어.
무엇을 묻는 문제인지 문제를 낸 선생님의 생각을
알아내는 게 포인트!

 **비법3**

답을 고를 때는 더 **꼼꼼**하게 확인하자.

문제에 따라 보기(①, ②, ③이나 ㉠, ㉡)가 나올 거야.
어려운 말로 객관식 문제라고 하는데, 이 중에서 맞는 답을 찾거나
아닌 것을 골라내야 해. 두 가지나 모두 고를 때도 꼼꼼하게!

직접 답을 빈칸에 쓸 때는
글에 나오는 대로 쓰는 게 좋아.

이게 바로 주관식 문제! 조금 어려울 수 있지.
너의 생각을 자유롭게 쓰는 문제가 아니라면,
글에 나오는 대로 써야 해.

채점도 해 보고 혹시 틀린 문제가 있다면,
왜 틀렸는지 짚고 넘어가자.

틀렸다고 속상해하지 말 것.
어려운 문제였을 거야.
그렇지만 그냥 넘기지 말고,
왜 그 문제를 틀렸는지 다시 한번 알아보도록 해.

아직 한글을 깨치지 못한 친구라면 부모님께서 지문과 문제를 소리 내어 읽어 주세요.
글의 내용을 귀담아듣고, 문제를 풀 수 있도록 지도해 주세요.
듣고 이해하며 적용하는 능력도 독해의 한 부분입니다.

글

62쪽 오현준, 〈팝콘〉, 공유마당

92쪽 유경손, 〈병원차와 소방차〉, 한국음악저작권협회

사진&그림

98쪽 갯벌, 공유마당

＊위에 제시되지 않은 사진이나 이미지는 사용료를 지불하고 셔터스톡 코리아에서 대여했음을 밝힙니다.

＊길벗스쿨은 이 책에 실린 모든 글과 사진의 출처를 찾기 위해 최선의 노력을 기울였습니다.
　저작권자를 찾지 못해 허락을 받지 못한 글과 사진은 저작권자가 확인되는 대로 통상의 사용료를 지불하겠습니다.

처음 독해

1 '누가' 나오나요?
누가 '무엇을 하나요'?

2 누가 무엇을 '언제' 하나요?
누가 무엇을 '어디에서' 하나요?

3 누가 무엇을 '어떻게' 하나요?
누가 무엇을 '왜' 하나요?

다음 글에 **누가 누가** 나오는지 살펴보세요.
그리고 글에서 '누구'에 해당하는 부분에 동그라미!

예시 문제

토끼와 거북이가
달리기 시합을 해요.

토끼와 거북이가
나오고요.

아빠는 용감해요.
엄마는 힘이 세요.

아빠와 엄마가
나와요.

연습 문제 **다음 문장에서 '누가' 나오는지 찾아 ◉보기◉처럼 ◯를 하세요.**

◉ 보기 ◉

예 나는 밥을 먹어요.

1 할아버지는 등산을 좋아해요.

2 민주가 놀이공원에 놀러 갔어요.

3 형은 언제나 잘 웃어요.

4 고양이가 하품을 해요.

⚡ 글에는 사람이나 동물만 나오는 게 아니야.

5 연필이 지우개에게 말을 걸었어요.

이번에는 누가 '**무엇을 하는지**' 알아봅시다.
그리고 무엇을 하는지 표현한 곳에 밑줄을 쫘악.

예시 문제

달리기 도중에 토끼가
낮잠을 자네요.

토끼가
낮잠을 잤대요.

아빠는 요리를 하고요.
엄마는 설거지를 해요.

아빠는 '요리를 하고,
엄마는 설거지를 해요.'
에 밑줄!

다음 문장에서 누가 '무엇을 하는지' 찾아 ⊙보기⊙ 처럼 밑줄을 그으세요.

⊙ 보기 ⊙

예　나는 <u>밥을 먹어요.</u>

1　아빠는 운동을 해요.

2　엄마는 회사에 가요.

3　우리 가족은 버스를 탔습니다.

4　고양이가 하품을 해요.

⚡ 형은 무엇을 하고, 누나는 무엇을 하는지 찾아 밑줄을 따로따로 그어야 해.

5　형은 춤을 추고, 누나는 노래를 하고 있어.

누가 무엇을 '**언제**' 하는지 알아봅시다.
그리고 ㉱때(시간, 요일, 계절 등)를 나타낸 곳에 동그라미!

예시 문제

형준이네 가족은 주말에 산에 가요.

형준이네 가족은
주말에 산에 갔어요.

나는 지금
아이스크림을 먹고 있어요.

'나'는 언제
아이스크림을
먹었다고?
바로 지금!

연습 문제 **다음 문장에서 누가 무엇을 '언제' 하는지 찾아 처럼 ◯를 하세요.**

ㅇ 보기 ㅇ

예 나는 (아침에) 밥을 먹었어요.

1 누나는 저녁에 숙제를 한다.

2 형은 금요일에 분리수거를 한다.

3 나는 내일 할머니 댁에 가요.

4 할머니는 밤마다 산책을 하세요.

5 영수는 점심시간에 줄넘기를 해요.

이번에는 누가 무엇을 **'어디에서'** 하는지 알아봅시다.
그리고 <u>장소를 나타낸 곳</u>에 밑줄을 좌악!

예시 문제

아빠는 캠핑장에서 텐트를 쳤어요.

아빠는 캠핑장에서 텐트를 치셨군요.

나는 집에서 화상 통화를 해요.

화상 통화를 하는 장소가 집이니까 '집에서'에 밑줄!

연습 문제 **다음 문장에서 누가 무엇을 '어디에서' 하는지 찾아 보기 처럼 밑줄을 그으세요.**

○ 보기 ○

예 나는 <u>식탁에서</u> 밥을 먹었어요.

⚡ 장소를 나타낼 때, '~에서'를 많이 써.

1 누나가 도서관에서 책을 빌려 왔어요.

2 삼촌은 방에서 게임을 하고 있었다.

3 나는 할머니 댁에서 낮잠을 잤다.

4 영수는 놀이터에서 줄넘기를 해요.

5 필통 속에서 지우개가 고개를 내밀었습니다.

누가 무엇을 **'어떻게'** 하는지 알아봅시다.
그리고 모양이나 상태를 표현한 부분에 동그라미!

예시 문제

나는 차곡차곡 장난감 정리를 해요.

나는 장난감을 차곡차곡 정리하고 있네요.

언니는 깨끗하게 책상을 치워요.

언니는 책상을 깨끗하게 치우고요.

연습 문제　**다음 문장에서 누가 무엇을 '어떻게' 하는지 찾아 ○보기○처럼 ◯를 하세요.**

○ 보기 ○

예　나는 밥을 (맛있게) 먹었어요.

1　누나는 숙제를 느릿느릿 했어요.

2　형은 꼼꼼하게 분리수거를 한다.

3　나는 할머니 일을 열심히 도와드렸어요.

4　엄마는 회사 일을 바쁘게 하셨어요.

5　우리는 팀을 나눠서 줄넘기를 했다.

누가 무엇을 '**왜**' 하는지 알아봅시다.
그리고 <u>이유나 까닭이 나오는 곳</u>에 밑줄을 쫘악!

예시 문제

나는 칭찬 스티커를 받으려고
노력하고 있어요.

> 나는
> 칭찬 스티커를
> 받으려고
> 노력하고 있어요.

친구들이 놀러 오기 때문에
언니는 방 정리를 시작했어요.

> 언니는
> 친구들이 놀러 오기
> 때문에 방 정리를
> 시작했대요.

연습 문제 **다음 문장에서 누가 무엇을 '왜' 하는지 찾아 ⊙보기⊙ 처럼 밑줄을 그으세요.**

⊙ 보기 ⊙

예 나는 <u>배가 고파서</u> 밥을 먹었어요.

1 누나는 1등을 하려고 공부를 한다.

2 형은 프로 게이머가 되고 싶어서 게임을 한다.

3 나는 예뻐지기 위해 우유를 마셔요.

4 오빠는 감기 때문에 약을 먹었어요.

5 영수는 살을 빼려고 줄넘기를 해요.

쉬어가기 양말이 다 마른 거 같아요. 양말 짝을 찾아 선으로 이어 보세요.

정답 및 해설 15쪽에서 확인하세요.

문장
독해

 한 문장으로 된 글을 읽고, 물음에 답하세요.

> 나는 하늘 초등학교 1학년 이하나이다.

⚡ 문제에 나오는 '나'는 위의 문장에 나오는 '나'야.

1 '나'의 이름은 무엇인지 쓰세요.

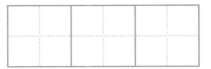

> 나는 우리 집 강아지와 마당에서 물놀이를 했어요.

2 '나'는 누구와 물놀이를 했나요? ( )

①

나 혼자

②

남동생

③

강아지

준수는 친구들과 신나게 축구를 했어요.

3 **준수는 무엇을 했나요?** (   )

① 축구를 했다.

② 축구공을 샀다.

③ 축구 경기를 보러 갔다.

채운이는 국어 시간에 발표를 했어요.

4 **채운이는 언제 발표를 했나요?** (   )

① 국어 시간

② 수학 시간

③ 미술 시간

지수는 놀이터에서 놀다가 장난감을 잃어버렸습니다.

5 지수는 어디에서 장난감을 잃어버렸는지 ○표 하세요.

(1)	(2)	(3)
거실	놀이방	놀이터
( )	( )	( )

민재는 *헐레벌떡 뛰어서 학교에 갔습니다.

＊헐레벌떡: 숨을 가쁘고 거칠게 몰아쉬는 모양을 흉내내는 말.

6 민재는 어떻게 학교에 갔나요? (   )

① 　② 　③

유라는 울고 있는 동생을 따뜻하게 안아 주었어요.

7 울고 있는 사람은 누구인지 쓰세요.

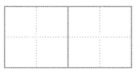

미소는 눈이 많이 와서 털모자를 썼어요.

8 미소는 왜 털모자를 썼는지 ○표 하세요.

(1) 비가 많이 와서   (   )

(2) 눈이 많이 와서   (   )

(3) 털모자가 예뻐서   (   )

 한 문장으로 된 글을 읽고, 물음에 답하세요.

> 옛날 사람들은 이사를 하면 팥으로 시루떡을 만들어 이웃과 나누어 먹었습니다.

9 시루떡은 무엇으로 만드는지 쓰세요.

> 효진이는 집에 돌아오자마자 손부터 씻고, 과자를 먹어요.

10 효진이가 집에 돌아와서 <u>가장 먼저 한 일</u>을 찾아 ○표 하세요.

(1)

(　　　)

(2)

(　　　)

(3)

(　　　)

구름은 따뜻한 공기를 만나면 비가 되고, 차가운 공기를 만나면 눈이 되어 땅에 떨어집니다.

11 구름은 어떻게 비가 되는지 쓰세요.

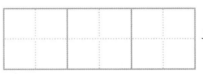 공기를 만나면

눈이 아플 때는 안과에 가야 하고, 귀나 코, 목이 아플 때는 이비인후과에 가야 합니다.

12 귀가 아플 때에는 어디에 가야 하나요? (   )

① 안과

② 치과

③ 이비인후과

나는 약속 시간을 꼭 지켜야 한다고 생각합니다.

13 '나'의 생각은 무엇인지 ○표 하세요.

(1) 약속을 자주 해야 한다. ( )

(2) 약속 시간을 바꿔야 한다. ( )

(3) 약속 시간을 꼭 지켜야 한다. ( )

은서는 집에 있는 책을 다 읽어서 새 책을 사고 싶었습니다.

14 은서는 왜 새 책을 사고 싶었나요? ( )

① 집에 책이 하나도 없어서

② 집에 있는 책을 다 읽어서

③ 친구에게 자랑하고 싶어서

사랑이는 강아지가 아픈 것이 슬퍼서 눈물이 났습니다.

15 사랑이는 아픈 강아지를 보고 어떤 마음이 들었나요? (   )

① 놀란 마음

② 슬픈 마음

③ 미안한 마음

잠자리에 들기 전에 양치질을 깨끗이 하는 습관을 가져요.

16 이 글의 내용과 어울리는 그림을 찾아 ○표 하세요.

(1)

(2)

(3)

(   )   (   )   (   )

 두 문장으로 된 글을 읽고, 물음에 답하세요.

> 오늘은 내 생일이다.
> 정후는 나에게 생일 선물로 곰 인형을 주었다.

1 '나'에게 생일 선물로 곰 인형을 준 사람은 누구인지 쓰세요.

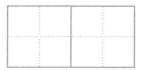

> "지우야, 이번 방학 때 어디 가고 싶어?"
> "*해수욕장에 가고 싶어요."
>
> * 해수욕장: 헤엄을 치거나 즐기며 놀 수 있는 바닷가.

2 지우가 방학 때 가고 싶다고 한 곳은 어디인지 ○표 하세요.

(1)

(   )

(2)

(   )

(3)

(   )

제비는 봄에 우리나라에 와서 여름을 지내고 갑니다.
제비는 주로 지붕 밑에 집을 짓고 곤충이나 벌레를 잡아먹습니다.

3 **이 글의 내용과 어울리는 사진을 고르세요.**

(1)

(   )

(2)

(   )

농부는 황소를 밭으로 데리고 갔어요.
농부는 잡초를 뽑고 황소는 하루 종일 밭을 *갈았어요.

＊갈았어요: 농기구로 논밭의 땅을 파서 뒤집었어요.

4 **황소는 무슨 일을 했나요?** (   )

① 밭을 갈았다.

② 밭에서 잡초를 뽑았다.

③ 황소를 밭으로 데리고 갔다.

밖에 나갔다 집에 돌아오면 손을 깨끗이 씻어야 한다. 손이 더러우면 병균들이 우리 몸 안으로 들어와 병을 일으킬 수 있기 때문이다.

5 이 글을 쓴 사람의 생각으로 알맞은 것은 무엇인가요? (   )

① 손을 깨끗이 씻어야 한다.

② 옷을 자주 갈아입어야 한다.

③ 머리를 깨끗이 감아야 한다.

6~7

4월 30일에 길벗 초등학교 1학년 학생들이 푸른 수목원으로 현장 체험 학습을 갑니다. 맛있는 도시락과 물, 개인 돗자리를 준비해 오기 바랍니다.

6 길벗 초등학교 1학년 학생들은 어디로 현장 체험 학습을 가는지 쓰세요.

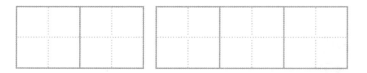

7 현장 체험 학습의 준비물로 알맞은 것은 무엇인가요? (   )

①  ②  ③

"영감, 우리가 [*]금은보화를 줄 테니 그 혹을 우리에게 파시오."

도깨비들이 혹부리 영감 앞에서 방망이를 이리저리 휘두르자 혹부리 영감의 ☐ 이 똑 떨어졌어요.

_*금은보화: 금, 은, 보석 등의 매우 귀중한 물건.

8 **빈칸에 들어갈 말은 무엇일까요? (   )**

① 털   ② 혹   ③ 점

9~10

아침에 일어나자마자 물을 마시면 건강에 좋아. 차가운 물보다는 따뜻한 물을 마시는 게 더 좋대.

9 **언제 물을 마시면 건강에 좋나요? (   )**

① 목이 마를 때마다

② 아침 식사를 한 뒤

③ 아침에 일어나자마자

10 **어떤 물을 마시는 게 건강에 좋다고 했는지 쓰세요.**

 두 문장으로 된 글을 읽고, 물음에 답하세요.

> 삼촌이 옛날이야기를 들려주셨어. 그런데 나는 너무 지루하게 느껴져서 계속 하품만 나왔어.

11 '나'는 삼촌의 이야기가 어떻게 느껴졌나요? (   )

① 어렵게   ② 지루하게   ③ 재미있게

12~13

> 나는 봄, 여름, 가을, 겨울 중에서 가을이 제일 좋습니다. 맛있는 과일을 많이 먹을 수 있고, 예쁘게 물든 단풍잎도 볼 수 있기 때문입니다.

12 '내'가 가장 좋아하는 계절은 무엇인지 쓰세요.

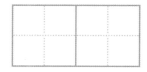

문장에 나오지 않은 까닭을 찾는 문제야.

13 '내'가 가을을 좋아하는 까닭이 아닌 것은 무엇인가요? (   )

① 날씨가 시원해서

② 단풍잎을 볼 수 있어서

③ 맛있는 과일을 많이 먹을 수 있어서

진주는 진우보다 키가 큽니다. 그런데 진주의 발은 진우보다 작습니다.

14 진주와 진우에 대한 설명으로 알맞은 것을 찾아 선으로 이으세요.

(1) 진주   •   • ㉮ 발이 크다.

(2) 진우   •   • ㉯ 키가 크다.

송편은 추석 때 먹는 떡입니다. 솔잎을 깔고 떡을 찌기 때문에 송편이라는 이름이 붙여졌습니다.

15 송편이라는 이름이 붙여진 까닭은 무엇인가요? (   )

① 추석 때 먹기 때문에

② 솔잎을 깔고 떡을 찌기 때문에

③ 온 가족이 모여서 만들기 때문에

16~17

진규는 미술 시간에 크레파스를 가져와야 하는데 물감을 가져왔다. 그래서 진규는 승환이에게 크레파스를 빌려 달라고 부탁했다.

16 미술 시간에 진규가 가져온 것은 무엇인지 쓰세요.

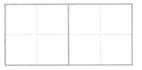

17 진규는 승환이에게 어떤 말로 부탁했을까요? (   )

① "승환아, 같이 놀자."

② "승환아, 내 물감 같이 쓸래?"

③ "승환아, 크레파스 좀 빌려줄 수 있어?"

나는 커서 제빵사가 되고 싶다. 맛있는 빵을 먹을 때가 가장 행복하기 때문이다.

18 '나'는 왜 제빵사가 되고 싶은지 빈칸에 알맞은 말을 쓰세요.

맛있는 [ ]을 먹을 때가 가장 [ ]하기 때문에

19~21

　닭장 속에는 암탉이 꼬꼬댁 울고 있고, 문간 옆에는 거위가 꽥꽥 울고 있었어요. 배나무 밑엔 염소가 매매 울고 있고, 외양간에는 송아지가 음매 울고 있었어요.

19 이 글에 나오지 <u>않은</u> 동물은 무엇인가요? (　　　)

① 　　　② 　　　③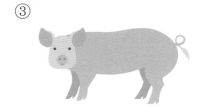

20 염소는 어디에서 울고 있나요? (　　　)

① 외양간　　　　② 닭장 속　　　　③ 배나무 밑

21 이 글에 나오는 동물과 어울리는 울음소리를 짝지어 보세요.

(1) 암탉　•　　　　　•㉮ 음매

(2) 거위　•　　　　　•㉯ 꽥꽥

(3) 송아지　•　　　　　•㉰ 꼬꼬댁

 세 문장으로 된 글을 읽고, 물음에 답하세요.

> **1~3**
>
> 주영이는 어머니, 동생과 함께 버스를 타고 할머니 댁에 갔다. 할머니 댁에 가서 감자도 캐고 물고기도 잡았다. 집으로 돌아올 때에는 버스를 타지 않고 기차를 타서 더 재미있었다.

1 할머니 댁에 간 사람을 <u>모두</u> 찾아 ○표 하세요.

> 어머니   아버지   주영이   동생

2 주영이가 할머니 댁에 가서 한 일을 <u>두 가지</u> 고르세요. (   )

① 버스를 탔다.
② 감자를 캤다.
③ 물고기를 잡았다.

⚡높임말은 사람이나 사물을 높여서 이르는 말이야. 예 말 → 말씀
3 다음 낱말의 높임말을 이 글에서 찾아 쓰세요.

> 집: 사람이나 동물이 추위, 더위, 비바람 따위를 막고 그 속에 들어 살기 위하여 지은 건물.

4~6

　　다음 주 토요일에 학교 운동장에서 알뜰 장터가 열릴 예정이에요. 물건을 팔고 싶은 사람은 선생님께 금요일까지 신청을 하면 돼요. 옷이나 책, 장난감처럼 작고 가벼운 물건만 팔 수 있어요.

4 알뜰 장터는 어디에서 열리는지 이 글에서 찾아 쓰세요.

5 알뜰 장터에서 물건을 팔고 싶으면 어떻게 해야 하나요? (　　　)

① 선생님께 신청한다.

② 토요일에 신청한다.

③ 알뜰 장터 앞에서 줄을 선다.

6 알뜰 장터에서 팔 수 있는 물건을 모두 찾아 ○표 하세요.

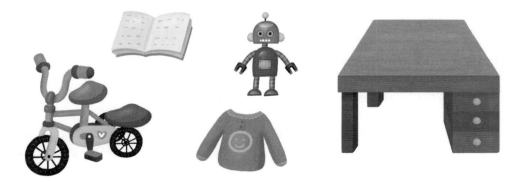

7~9

> 소영아, 오늘 집에 갈 때 같이 가자. 어제 학교 옆 새로 생긴 분식집에
> 갔었는데 떡볶이가 진짜 맛있더라. 너랑 같이 먹고 싶어.
>
> – 민지가

 이 쪽지를 받는 사람은 누굴까?

7 **누구에게 쓴 쪽지인지 쓰세요.**

(이)

8 **민지는 소영이에게 어디에 가자고 했나요?** ( )

① 학교

② 학교 옆 공원

③ 학교 옆 분식집

9 **민지는 왜 소영이에게 집에 갈 때 같이 가자고 했나요?** ( )

① 함께 떡볶이를 먹고 싶어서

② 궁금한 것을 물어보고 싶어서

③ 분식집이 어디에 있는지 몰라서

사자가 낮잠을 자고 있었어요. 생쥐가 그 옆을 지나가다 그만 사자의 콧등을 건드렸어요. 화가 난 사자는 단잠을 깨운 생쥐를 잡아먹으려고 했어요.

10 누가 나오는지 쓰세요.

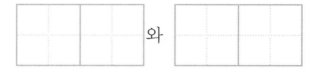

⚡기호는 아래 문제에 나오는 ㉮, ㉯, ㉰ 같은 걸 말해.

11 일이 일어난 차례대로 기호를 쓰세요.

㉮ ⇨ (   ) ⇨ (   )

12 생쥐가 사자의 콧등을 건드렸을 때 사자의 마음은 어떠했나요? (   )

① 무서웠다.

② 화가 났다.

③ 재미있었다.

 세 문장으로 된 글을 읽고, 물음에 답하세요.

13~15

올림픽은 전 세계 수천 명의 선수가 참가해 스포츠 경기를 하는 대회입니다. 4년마다 한 번씩 나라를 바꾸어 가며 열립니다. 우리나라에서는 1988년에 서울에서 열렸습니다.

13 무엇에 대해 알려 주는 글인지 쓰세요.

14 올림픽은 몇 년에 한 번씩 열리는지 쓰세요.

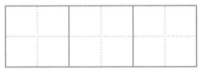 년

15 우리나라에서는 언제 어디에서 올림픽이 열렸는지 쓰세요.

(1) 언제: (　　　　　　　　)

(2) 어디에서: (　　　　　　　　)

16~18

　　우리말에는 높임말이 있습니다. 높임말은 할아버지, 할머니, 부모님, 선생님과 같은 웃어른을 공경하는 마음을 담아 하는 말입니다. '말'의 높임말은 '말씀', '밥'의 높임말은 '진지', '먹다'의 높임말은 '드시다', '자다'의 높임말은 '주무시다'입니다.

16 웃어른을 공경하는 마음을 담아 하는 말을 무엇이라고 하는지 쓰세요.

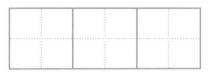

17 웃어른이 <u>아닌</u> 사람은 누구인가요? (   )

① 동생   ② 부모님   ③ 선생님

18 다음 낱말의 높임말을 이 글에서 찾아 쓰세요.

(1) 밥 –    (2) 먹다 –

(3) 자다 –

19~21

우리 집에 오신 분께 알려 드립니다. 초인종이 고장 났어요. 현관문을 두드리거나 전화 주세요.

19 누구에게 전하는 글인가요? (   )

① 아기

② 부모님

③ 우리 집에 오신 분

20 왜 이런 글을 썼을까요? (   )

① 초인종이 고장 나서

② 현관문이 잘 열리지 않아서

③ 집에 사람이 없을지도 몰라서

↱ 이 글을 쓴 사람을 말해.

21 (글쓴이)는 집에 온 사람에게 어떻게 해 달라고 부탁했는지 두 가지를 고르세요.

(   )

①    ②    ③

오늘 공원에서 침을 뱉는 형들을 보고 기분이 좋지 않았다. 공원이나 길은 여러 사람이 함께 이용하는 곳이므로 침을 함부로 뱉으면 안 된다고 생각한다. 침 자국으로 얼룩진 길바닥은 더럽기도 하고, 다른 사람의 기분도 나쁘게 만들기 때문이다.

22 글쓴이는 오늘 공원에서 어떤 사람을 보고 기분이 좋지 않았는지 빈칸에 알맞은 말을 쓰세요.

		을			사람

23 글쓴이의 생각은 무엇인가요? ( )

① 공원에 자주 가야 한다.

② 꽃에 물을 자주 주어야 한다.

③ 길에 침을 함부로 뱉으면 안 된다.

24 침을 함부로 뱉으면 안 된다고 생각하는 까닭을 <u>두 가지</u> 고르세요. ( )

① 다른 사람의 기분을 나쁘게 만들어서

② 공원은 어린이들만 이용하는 곳이어서

③ 침 자국으로 얼룩진 길거리가 더러워 보여서

네 문장으로 된 글을 읽고, 물음에 답하세요.

1~3

> 한 글자로 된 낱말을 좋아합니다.
> 별, 달, 꽃, 꿀 같은…
> 두 글자로 된 낱말을 사랑합니다.
> 엄마, 아빠, 친구 같은…

1 다음 중 한 글자 낱말이 <u>아닌</u> 것에 ×표 하세요.

산	물	바다	해	
흙	꿈	강	공	나무

⚡ 글쓴이는 한 글자로 된 낱말을 좋아하고, 두 글자로 된 낱말은 사랑한다고 했었지.

2 글쓴이가 좋아하는 낱말에는 ○, 사랑하는 낱말에는 ♡표를 하세요.

엄마	꽃	달	아빠	친구	별

⚡ 세 글자로 된 낱말 중에서 내가 좋아하거나 사랑하는 것을 떠올려 봐.

3 내가 좋아하거나 사랑하는 세 글자 낱말을 생각해서 써 보세요.

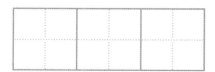

4~6

　　아침 독서 시간에 보면 저마다 책을 읽는 방법이 다르다. 태훈이는 책을 빨리 읽고, 지영이는 천천히 읽는다. 은우는 중얼중얼 소리 내어 읽고, 내 짝꿍 민지는 조용히 눈으로만 읽는다. 나는 주로 천천히 소리 내어 읽는 편이다.

⚡ 아침 독서 시간에 친구들마다 다양한 방법으로 책을 읽는다고 설명하고 있어.

4 **무엇에 대한 글인가요?** (　　)

① 아침 조회 시간　　② 민지의 독서 습관　　③ 친구들의 책 읽는 방법

5 **이 글의 내용으로 알맞지 <u>않은</u> 것을 고르세요.** (　　)

① 나는 아침에 독서할 시간이 없다.

② 친구들의 책 읽는 방법은 여러 가지이다.

③ 나는 주로 천천히 소리 내어 책을 읽는다.

6 **친구들의 책 읽는 방법을 찾아 줄을 이으세요.**

(1) 태훈　•　　　　•㉮ 빨리 읽기

(2) 지영　•　　　　•㉯ 천천히 읽기

(3) 은우　•　　　　•㉰ 소리 내어 읽기

7~9

여름 휴가로 제주도에 갔을 때의 일이다.

식당 아주머니께서 "혼저옵서예." 하시는 거였다.

"아빠, 우리는 셋이 왔는데, 왜 혼자 왔냐고 하세요?"

"아, '혼저옵서예.'는 제주도에서 쓰는 말인데 '어서 오세요.'라는 뜻이란다."

7 이 글에서 우리 가족은 어디에 갔나요? (   )

① 울릉도 식당

② 제주도 식당

③ 제주도 민속박물관

8 이 글의 내용으로 알맞은 것을 고르세요. (   )

① 우리 가족은 셋이다.

② 나는 혼자 제주도에 갔다.

③ 겨울 방학 때 있었던 일이다.

9 '혼저옵서예.'의 뜻을 이 글에서 찾아 쓰세요.

한밤중에 잠에서 깬 지수는 배가 너무 아파서 주무시는 아빠를 깨웠어요. 지수는 아빠 차를 타고 큰 병원의 응급실로 갔어요. 한밤중인데도 응급실에는 의사 선생님, 간호사 선생님이 바쁘게 움직이고 있었어요. 지수처럼 아픈 사람들도 있었고요.

10 이 글에서 때를 나타내는 말을 찾아 쓰세요.

11 이 글에 나오지 <u>않은</u> 사람은 누구인가요? (   )

① 지수 아빠

② 지수 동생

③ 의사 선생님, 간호사 선생님

12 지수가 아빠와 간 곳에 대한 설명으로 알맞지 <u>않은</u> 것을 고르세요. (   )

① 지수가 사는 곳이다.

② 아픈 사람들이 가는 곳이다.

③ 한밤중에도 일하는 사람들이 있다.

 네 문장으로 된 글을 읽고, 물음에 답하세요.

13~15

　　나는 요즘 걱정거리가 하나 생겼어. 내가 사는 북극의 얼음이 자꾸 녹고 있거든. ㉠이곳은 얼음산으로 뒤덮여 있어서 무척 추운 곳인데, 지구가 따뜻해져서일까? ㉡얼음산이 점점 녹아서 내가 자꾸 얼음 덩어리 위에서 둥둥 떠다니게 된다고.

13 밑줄 친 ㉠'이곳'은 어디인지 이 글에서 찾아 쓰세요.

14 '나'의 걱정거리는 무엇인가요? (　　　)

① 얼음이 자꾸 녹는 것
② 얼음이 자꾸 어는 것
③ 얼음이 자꾸 생기는 것

15 ㉡에서 알 수 있는 '나'의 모습을 고르세요.

(1)

(　　　)

(2)

(　　　)

16~18

약간의 차이는 있지만 사람들은 보통 하루에 15번 정도 방귀를 뀐대요. 한 사람이 하루에 뀌는 방귀를 모두 모아 통에 담으면 큰 음료수병을 채울 수도 있어요. 방귀는 참으면 몸에 안 좋아요. 방귀가 뀌고 싶으면 사람이 없는 곳으로 얼른 가서 뿡뿡! 뀌도록 해요.

16 이 글은 무엇에 대한 글인가요? (   )

① 똥   ② 방귀   ③ 음료수

17 사람들은 보통 방귀를 하루에 몇 번 정도 뀐다고 했나요?

□ 번

18 이 글의 내용으로 알맞은 것은 무엇인가요? (   )

① 방귀는 참을수록 몸에 좋다.

② 음료수를 먹으면 방귀가 자주 나온다.

③ 하루 동안 뀌는 방귀의 횟수는 사람마다 다르다.

19~21

마을 회관에서 알려 드립니다.

오늘 저녁부터 우리 마을에 강한 비가 온다고 합니다. 어린이와 할머니, 할아버지는 바깥 활동을 *자제하십시오. 특히 비가 많이 오면 개천의 물이 넘칠 수도 있으니 근처에는 절대   .

＊자제: 하고 싶은 마음이나 행동을 스스로 그침.

19 무엇을 알려 주고 있나요? (   )

① 공기가 좋지 않으니까 조심하세요.

② 비가 많이 온다고 하니 조심하세요.

③ 눈이 많이 온다고 하니 조심하세요.

20 이 글의 내용으로 알맞지 <u>않은</u> 것을 고르세요. (   )

① 오늘 저녁부터 비가 많이 올 것이다.

② 오늘 저녁에 어린이는 밖에서 놀지 않는 것이 좋다.

③ 개천에는 물이 넘치지 않으니 걱정하지 않아도 된다.

21 빈칸에 들어갈 알맞은 말을 ○보기○에서 찾아 쓰세요.

○ 보기 ○

갈게요   가 보세요   가지 마세요

(   )

"할아버지, 얼굴에는 눈도 두 개, 귀도 두 개, 콧구멍도 두 개잖아요. 그런데 왜 입은 하나예요?"
"*두루두루 잘 살펴야 하기 때문에 눈은 두 개, 다른 사람이 하는 말을 잘 들어야 하기 때문에 귀도 두 개란다. 하지만 말은 늘 조심해야 하기 때문에 입은 하나인 게지."

＊두루두루: 여러 가지를 빠짐없이 골고루.

22 이 글에서 사람의 얼굴에 하나 있는 것은 무엇이라고 했는지 쓰세요.

23 귀가 두 개인 이유를 무엇이라고 했는지 고르세요. (　　　)

① 잘 보라고　　　　② 잘 들으라고　　　　③ 잘 걸으라고

24 할아버지와 같은 생각을 가진 친구는 누구인가요? (　　　)

① 얼굴이 작아서 입은 하나만 있는 거야.

도도

② 말을 조심하라고 입은 하나만 있는 거야.

하루

③ 조금만 먹으라고 입은 하나만 있는 거야.

로아

쉬어가기 가운데 있는 우산을 위에서 내려다봤어요. 같은 우산을 찾아보세요.

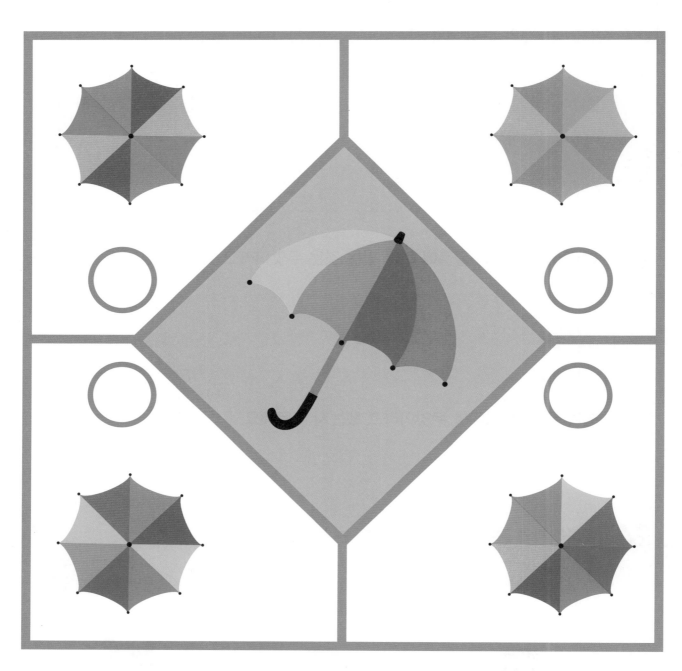

정답 및 해설 15쪽에서 확인하세요.

한 문단
독해

📖 낱말의 뜻을 미리 알아보세요.

야금야금

뜻	무엇을 입 안에 넣고 이어서 조금씩 먹어 들어가는 모양.	
예	붕어빵을 꼬리부터 야금야금 먹었어요.	

📖❓ 다음 글을 읽고, 물음에 답하세요.

팝콘

오현준

옥수수야! 팡팡 팡
폭탄처럼 터져라.
영화 볼 때 냠냠 냠
바삭바삭 고소해.
어느새 텅 텅 비었네.
야금야금 아껴 먹을걸.

1 빈칸에 들어갈 알맞은 말을 쓰세요.

이 시는 맛있는 □□ 을 먹은 일을 쓴 시야.

2 팝콘의 재료로 알맞은 것을 그림에서 골라 ○표 하고, 그 이름을 쓰세요.

→ 이 시에서는 팝콘을 먹고 있는 아이를 가리켜.

3 이 시에 나타난 말하는 이의 마음으로 알맞지 <u>않은</u> 것은 무엇인가요? (　　　)

① 벌써 다 먹다니. 또 먹고 싶다.

② 아, 배불러. 이제 그만 먹어야지.

③ 바삭바삭하고 고소한 팝콘이 좋아.

📖 낱말의 뜻을 미리 알아보세요.

농장

뜻 땅, 기구 등을 갖추어 곡식이나 채소를 가꾸거나 소, 말, 돼지, 닭 등을 기르는 곳.	
예 우리 할아버지 농장에서는 젖소와 돼지를 키워요.	

📖 다음 글을 읽고, 물음에 답하세요.

어느 작은 농장에 할아버지가 살고 있었어요. 이른 아침, 꽥꽥 우는 거위 소리에 할아버지는 잠에서 깼어요. 할아버지는 헐레벌떡 농장으로 가 보았어요. 거위 둥지를 본 할아버지는 깜짝 놀랐어요. 거위 둥지에 번쩍번쩍 빛나는 황금 알이 하나 있었거든요.
거위가 황금 알을 낳은 거예요.

1 이 글에 나오는 사람을 찾아 ○표 하세요.

> 꼬마   할머니   할아버지

2 일이 일어난 차례대로 기호를 쓰세요.

> ㉮ 할아버지가 농장으로 달려갔어요.
> ㉯ 할아버지가 거위 소리를 듣고 잠에서 깼어요.
> ㉰ 할아버지가 거위 둥지를 보고 깜짝 놀랐어요.

㉯ ⇨ (   ) ⇨ (   )

3 거위 둥지를 본 할아버지가 깜짝 놀란 이유를 쓰세요.

거위가 [ ][ ] [ ]을 낳아서

4 빈칸에 들어갈 알맞은 말을 찾아 선으로 이으세요.

(1) 거위가 〔   〕 울고 있어요.   •   • ㉮ 헐레벌떡

(2) 할아버지가 〔   〕 뛰어갔어요.   •   • ㉯ 꽥꽥

📖 낱말의 뜻을 미리 알아보세요.

편식

뜻 좋아하는 음식만을 가려서 먹음.	
예 편식을 하면 건강에 좋지 않아.	

📖❓ 다음 글을 읽고, 물음에 답하세요.

경민아, 저녁에 엄마가 혼내서 미안해.

경민이가 밥에서 콩을 골라내고, 소시지만 먹어서 화가 났어.

여러 가지 반찬을 골고루 먹어야 좋지 않을까?

경민이처럼 편식을 하면 친구들보다 키가 덜 자랄 수가 있어.

그리고 네가 좋아하는 소시지만 먹으면 뚱뚱해질 수도 있단다.

그러니까 앞으로 편식하지 말고 반찬을 골고루 먹자. 알았지?

경민이의 건강을 걱정하는 엄마가

1   **경민이는 무슨 반찬만 먹었나요?** (   )

① 콩

② 소시지

③ 계란말이

2   **엄마는 경민이에게 편식을 하면 어떻게 된다고 했는지 <u>두 가지</u> 고르세요.**

(   )

① 눈이 나빠져요.

② 키가 덜 자라요.

③ 뚱뚱해질 수 있어요.

3   **엄마가 경민이에게 하고 싶은 말은 무엇인지 이 글에서 찾아 쓰세요.**

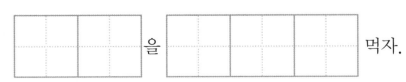

📖 낱말의 뜻을 미리 알아보세요.

> **담다**
>
> | 뜻 어떤 물건을 그릇 등에 넣다. |  |
> | 예 먹고 싶었던 과일을 접시에 듬뿍 담았다. | |

📖❓ 다음 글을 읽고, 물음에 답하세요.

> 할아버지가 도넛을 사 오셨다. 도넛 상자를 열었더니 초콜릿, 딸기 크림, 땅콩 도넛 등이 아홉 개나 들어 있었다. 엄마는 접시에 도넛 세 개를 담아 내오셨다. 할아버지는 땅콩 도넛을, 엄마는 딸기 크림 도넛을, 나는 초콜릿 도넛을 맛있게 먹었다. 하나 더 먹고 싶었지만 꾹 참았다. 남은 도넛은 저녁에 아빠가 오시면 같이 먹어야겠다.
>
>

1 할아버지께서 사 오신 것은 무엇인가요? (　　　)

① 도넛　　　　　　　　② 핫도그　　　　　　　　③ 아이스크림

2 다음 인물이 선택한 도넛을 줄로 이으세요.

(1) '나'　•

(2) 엄마　•

(3) 할아버지　•

•㉮ 초콜릿 도넛

•㉯ 땅콩 도넛

•㉰ 딸기 크림 도넛

⚡할아버지가 사 오신 도넛의 개수와 할아버지, 엄마, '내'가 먹은 도넛의 개수를 따져 봐.

3 상자에 남은 도넛은 몇 개일지 다음 빈칸에 알맞은 숫자를 쓰세요.

할아버지가 사온 도넛 개수↰　　먹은 개수↰

| 9 | − | | = | |

📖 낱말의 뜻을 미리 알아보세요.

성장

뜻 사람이나 동물, 식물이 자라서 점점 커짐.	
예 나무는 햇빛을 받아야 잘 성장해요.	

📋❓ 다음 글을 읽고, 물음에 답하세요.

음악 줄넘기란 신나는 음악에 맞춰 줄넘기를 하는 거예요. 일반 줄넘기는 주로 제자리에서 혼자 해요. 하지만 음악 줄넘기는 자리를 이동하면서 여러 사람이 모여서 꼭 춤을 추는 것처럼 음악과 동작을 함께 하지요. 음악 줄넘기는 신기하고 재미있는 동작이 많기 때문에 일반 줄넘기를 싫어하는 학생들에게 좋아요. 음악 줄넘기를 하면 다리의 힘을 기를 수 있고, 뼈의 성장을 도와주어서 키가 자라게 돼요.

＊동작: 몸이나 손발 등을 움직임. 또는 그런 모양.

1 무엇에 대해 소개하고 있는지 쓰세요.

2 일반 줄넘기를 싫어하는 학생들에게 음악 줄넘기는 왜 좋나요? (   )

① 자리의 이동이 많지 않기 때문에

② 즐거운 노래를 들을 수 있기 때문에

③ 신기하고 재미있는 동작이 많기 때문에

3 다음 메모장을 보고 빈칸에 들어갈 말을 쓰세요.

- 음악 줄넘기를 하면 좋은 점

    (1) _____ 의 힘을 기를 수 있음.

    (2) 뼈의 성장을 도와주어서 _____ 가 자라게 됨.

📖 낱말의 뜻을 미리 알아보세요.

경비

| 뜻 | 사고가 나지 않게 미리 살피거나 지킴. |
| 예 | 우리 아파트는 경비 아저씨께서 지켜 주세요. |

🔖 다음 글을 읽고, 물음에 답하세요.

경비 아저씨, 안녕하세요?

저는 102동 606호에 사는 이은우입니다.

경비 아저씨께 감사하다는 말씀을 드리고 싶어서 편지를 써요.

지난주에 제가 잃어버린 축구공을 대신 찾아 주셔서 정말 감사했어요.

이 음료수는 제가 드리는 선물이에요.

맛있게 드시고, 힘내세요.

이은우 올림

1 은우가 누구에게 쓴 편지인가요? (   )

① 경찰 아저씨   ② 경비 아저씨   ③ 옆집 아저씨

2 은우가 편지를 쓴 까닭은 무엇인가요? (   )

① 경비 아저씨께 부탁을 드리려고

② 경비 아저씨께 축하 인사를 드리려고

③ 경비 아저씨께 감사한 마음을 표현하려고

3 은우가 경비 아저씨께 감사하다고 한 일은 무엇인가요? (   )

① 음료수를 사 주신 것

② 쓰레기를 치워 주신 것

③ 잃어버린 축구공을 대신 찾아 주신 것

4 은우는 경비 아저씨께 무엇을 선물로 드렸는지 쓰세요.

낱말의 뜻을 미리 알아보세요.

소원

뜻	어떤 일이 이루어지기를 바라는 것.
예	보름달을 보며 소원을 빌어요.

다음 글을 읽고, 물음에 답하세요.

"엄마, 아빠! 할 말이 있어요."

나는 식탁에 앉자마자 말을 꺼냈다.

"그래? 얘기해 봐. 뭔데?"

"강아지를 키우고 싶어요. 형빈이네 강아지가 새끼를 낳았는데, 저한테 한 ㉠마리를 줄 수 있대요. 우리 가족은 강아지를 무척 좋아하잖아요? 그러니까 강아지를 키우면 우리 가족이 더 행복할 거예요. 강아지 키우는 것을 허락해 주시면 강아지 목욕은 제가 시킬게요. 그리고 먹이도 제가 잘 챙겨 줄게요. 제 소원을 꼭 들어주세요."

1 이 글에서 '나'는 누구와 대화를 했나요? (   )

① 선생님   ② 부모님   ③ 형빈이

2 '내'가 원하는 것은 무엇인지 쓰세요.

를 키우는 것

3 '내'가 부모님께 자기가 하겠다고 약속한 것을 모두 고르세요. (   )

① 강아지 재우기

② 강아지 목욕 시키기

③ 강아지 먹이 챙겨 주기

4 밑줄 친 ㉠'마리'와 다른 뜻으로 쓰인 것을 고르세요. (   )

① 두루마리 화장지를 쓰세요.

② 물고기를 열 마리나 잡았다고 자랑했어요.

③ 형빈이네 집에는 고양이도 여러 마리 있어요.

⚡ 동물의 수를 셀 때 '마리'라는 말을 써.

📖 낱말의 뜻을 미리 알아보세요.

구별

뜻 성질이나 종류에 따라 갈라놓음.

예 쌍둥이는 누가 누구인지 구별하기가 어려울 때가 있어요.

📑 다음 글을 읽고, 물음에 답하세요.

학용품에는 이름표를 붙여야 해요. 우리가 많이 사용하는 학용품인 연필, 지우개, 공책은 비슷하게 생긴 것들이 많아요. 크기도 비슷하고 모양도 비슷하지요. 그래서 학용품에 이름표를 붙이지 않으면 친구의 물건과 구별하기가 어려워요. 또한 학용품에 이름표를 붙이면 잃어버렸을 때 찾기가 쉬워요. 자, 지금 바로 자기가 가진 학용품에 이름표를 붙여 보세요.

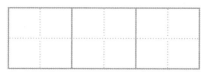

1 글쓴이는 학용품에 무엇을 붙이자고 하는지 쓰세요.

2 학용품에 이름표를 붙여야 하는 까닭을 모두 고르세요. (　　　　)

① 이름표를 붙이지 않으면 선생님께 혼나기 때문에

② 이름표를 붙이면 잃어버렸을 때 찾기 쉽기 때문에

③ 이름표를 붙이지 않으면 친구의 학용품과 헷갈리기 때문에

3 다음 낱말들을 가리켜 무엇이라고 하나요? (　　　)

> 연필　　　지우개　　　공책

① 책　　　　　　　② 학용품　　　　　　③ 이름표

⚡예를 들면, '장미, 코스모스, 해바라기'를 모두 가리키는 말은 '꽃'이야.

📖 낱말의 뜻을 미리 알아보세요.

엄지

뜻	양손이나 양발의 첫째 손가락이나 발가락을 가리키는 말.
예	"아빠 최고!" 하면서 엄지를 들었다.

📖❓ 다음 글을 읽고, 물음에 답하세요.

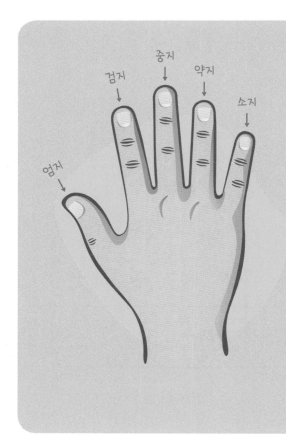

　우리 손의 손가락에는 각각 이름이 있어요. 옆에 그림에서 제일 왼쪽 첫째 손가락은 '엄지'고요. 둘째 손가락은 '검지'입니다. 셋째 손가락은 가운데 있어서 '중지'고요. 넷째 손가락은 '약지'라고 합니다. 다섯째 손가락은 가장 작아서 '소지'라고 하는데, '새끼손가락'이라고도 합니다. 약속을 할 때 서로의 새끼손가락을 건다고 하지요. 노랫말에도 이런 표현이 있어요.

1 이 글의 제목으로 알맞은 것은 무엇일까요? (　　　)

① 손이 하는 일

② 손가락의 이름

③ 손바닥의 모양

2 이 글의 내용에 맞게 선으로 이으세요.

(1)　첫째 손가락　•　　　　　　　　　•　㉮　중지

(2)　둘째 손가락　•　　　　　　　　　•　㉯　검지

(3)　셋째 손가락　•　　　　　　　　　•　㉰　엄지

3 다음 노랫말에 어울리는 '소지'의 다른 이름을 쓰세요.

고리 걸어 꼭꼭 약속해.

낱말의 뜻을 미리 알아보세요.

색소

뜻	물체의 색깔이 나타나도록 해 주는 성분.
예	색소가 가득 들어간 사탕을 먹고 입술까지 파래졌다.

다음 글을 읽고, 물음에 답하세요.

톡 쏘는 맛의 ㉠이 음료수는 어린이들에게 특히 위험한 음식이다. 검정 색소 덩어리에 무엇보다 설탕이 너무 많이 들어 있어서 이를 썩게 만든다. 피자나 햄버거, 치킨 등을 먹을 때 함께 마시는 이 음료수는 어른들이 즐겨 마시기도 한다. 어린이에게는 이 음료수 대신 우유나 과일 주스를 추천한다.

＊추천한다: 어떤 조건에 알맞은 사람이나 물건을 책임지고 소개한다.

1 밑줄 친 ㉠'이 음료수'는 무엇일까요? (   )

①

콜라

②

물

③

우유

2 이 음료수가 어린이들에게 특히 위험한 이유를 찾아 ○표 하세요.

(1) 어른들이 즐겨 마시기 때문이다.   (   )

(2) 설탕이 많이 들어 있어서 이를 썩게 만든다.   (   )

(3) 톡 쏘는 맛이 있어 목구멍을 넘어갈 때 아프다.   (   )

3 이 음료수의 특징으로 볼 수 <u>없는</u> 것은 무엇일까요? (   )

① 검정색이다.

② 톡 쏘는 맛이다.

③ 우유나 과일과 함께 먹어야 한다.

4 글쓴이가 어린이에게 이 음료수 대신 추천한 것은 무엇인지 쓰세요.

  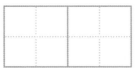

📖 **낱말의 뜻을 미리 알아보세요.**

라디오

뜻 방송국에서 보내는 전파를 소리로 바꾸어서 들려주는 장치.

예 라디오에서 아빠가 좋아하는 노래가 나왔다.

📖 **다음 동요를 읽고, 물음에 답하세요.**

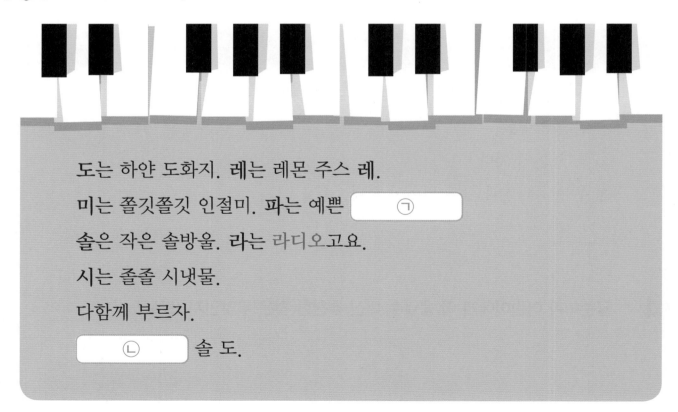

도는 하얀 도화지. 레는 레몬 주스 레.

미는 쫄깃쫄깃 인절미. 파는 예쁜 ⬚ ㉠ ⬚

솔은 작은 솔방울. **라**는 라디오고요.

시는 졸졸 시냇물.

다함께 부르자.

⬚ ㉡ ⬚ 솔 도.

1 이 동요에 어울리는 제목은 무엇인가요? (   )

↳ '송(song)'은 노래를 뜻해.

① 숫자 송   ② 도레미 송   ③ 알파벳 송

2

↳ 사람이나 사물의 소리나 모양을 나타내는 말을 뜻해. '삐악삐악', '동글동글' 같은 거야.

다음과 같은 뜻을 가진 흉내 내는 말을 이 글에서 찾아 쓰세요.

> 씹히는 맛이 매우 끈끈하고 질긴 듯한 느낌.

3 ㉠에 들어갈 알맞은 말은 무엇일까요? (   )

① 파랑새   ② 파김치   ③ 파리똥

⚡ '예쁘다'와 어울리는 말을 찾아봐.

4 ㉡에 들어가는 노래 가사입니다. 빈칸을 채워 보세요.

도			파		라		도

📖 **낱말의 뜻을 미리 알아보세요.**

> ### 찧다
>
> 뜻 곡식 따위를 잘게 만들려고 절구에 담고 공이로 내리치다.
>
> 예 보리쌀을 찧어서 죽을 쑤어 주셨어요.

공이

📖❓ **다음 글을 읽고, 물음에 답하세요.**

눈썹달은 배가 고플 때마다 달토끼에게 떡방아를 찧게 했어요.

달토끼가 쿵덕쿵덕 떡방아를 찧어서 맛있는 떡을 달에게 먹이면, 눈썹달은 점점 배가 불러서 반달이 되었지요.

달토끼의 떡을 먹고 배가 **빵빵**해진 달은 어느새 커다란 보름달이 되었어요.

달토끼는 그제야 방아 찧기를 멈추었어요.

보름달을 잘 들여다 보세요.

이제 방아 찧기를 멈춘 달토끼가 보이나요?

1 이 글에 나오는 것은 누구 누구인지 <u>모두</u> 고르세요. (   )

① 달   ② 달토끼   ③ 방아깨비

2 이 글의 내용으로 알맞지 <u>않은</u> 것에 모두 ×표 하세요.

(1) 달토끼는 매일 떡방아를 찧는다.   (   )

(2) 눈썹달은 배가 고프면 빵을 먹는다.   (   )

(3) 보름달이 되면 달토끼는 방아 찧기를 멈춘다.   (   )

3 떡을 먹고 모양이 바뀌는 달의 이름을 이 글에서 찾아 쓰세요.

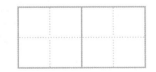

눈	썹	달

📖 **낱말의 뜻을 미리 알아보세요.**

모시다

🅣 '데리다'의 높임말. 웃어른을 가까이 있게 하다.

🅔 손님들을 모시고 유명한 관광지를 다녔다.

📖❓ **다음 글을 읽고, 물음에 답하세요.**

준우네 가족은 할머니가 계신 동해로 여름휴가를 갔습니다. 준우네 가족은 동해에 도착하자마자 할머니를 모시고 바다로 나갔습니다. 구름 한 점 없는 뜨거운 태양 아래 파란 하늘과 파란 바다가 하나처럼 보였습니다. 아빠가 모래사장 위에 그늘막 텐트를 치는 동안 준우와 연우는 물놀이를 즐기고, ㉠엄마와 할머니는 즐겁게 노는 준우와 연우의 모습을 핸드폰에 담았습니다.

1 이 글의 제목으로 알맞은 것은 무엇인가요? (   )

① 준우와 연우   ② 준우의 할머니   ③ 준우네 여름휴가

2 어디에서 있었던 일인가요? (   )

① 준우네 집   ② 동해 바닷가   ③ 외할아버지 댁

3 이 글에 나온 사람들이 한 일을 짝지어 보세요.

(1) 아빠 •   • ㉮ 물놀이

(2) 준우와 연우 •   • ㉯ 그늘막 텐트 치기

4 밑줄 친 ㉠의 뜻으로 알맞은 것은 무엇인가요? (   )

① 준우 엄마가 연우 할머니께 전화를 걸었습니다.

② 엄마와 할머니는 준우, 연우와 화상 통화를 하였습니다.

③ 엄마와 할머니는 준우와 연우의 모습을 핸드폰 사진으로 찍었습니다.

📖 낱말의 뜻을 미리 알아보세요.

> ### 횡단보도
>
> | | |
> |---|---|
> | 뜻 차가 다니는 길에 사람이 가로질러 건널 수 있게 줄을 그어 표시한 곳. |  |
> | 예 횡단보도 건너편에 아내와 딸이 서 있었다. | |

📖❓ 다음 글을 읽고, 물음에 답하세요.

> # ¹ 서다   ² 보다   ³ 걷다
>
> 횡단보도를 건널 때는 일단 서요!
> 횡단보도 앞에 멈춰 서서 신호등을 보세요.
> 빨간불인지 녹색불인지 신호등을 확인하고,
> 주변에 차가 오는지 안 오는지도 잘 살펴봅니다.
> 빨간불이거나 녹색불이 깜빡일 때는
> 차가 없어도 절대 건너지 마세요.
> 녹색불이 탁 켜졌을 때, 안전하게 횡단보도를 건너세요.
> 횡단보도 앞에서 '서다, 보다, 걷다'를 꼭 기억하세요!

1 무엇에 대한 글인가요? (　　　)

① 횡단보도를 보는 방법

② 횡단보도에서 서는 방법

③ 횡단보도를 건너는 방법

2 이 글을 읽고 다음 내용이 맞으면 '예', 틀리면 '아니요'에 ∨표 하세요.

	예	아니요
(1) 횡단보도를 건널 때는 일단 서야 한다.	☐	☐
(2) 빨간불일 때 차가 없으면 건너도 된다.	☐	☐
(3) 녹색불이 깜빡일 때는 재빨리 건너는 게 좋다.	☐	☐

3 다음 그림에 어울리는 말을 이 글에서 찾아 쓰세요.

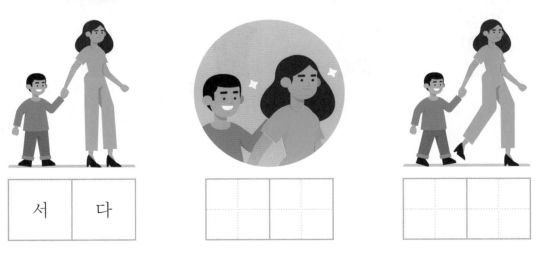

서	다

여러 가지 모양의 선인장이 있네요. 딱 맞는 선인장 그림자를 찾아 선으로 이어 보세요.

정답 및 해설 15쪽에서 확인하세요.

두 문단 독해

📖 **낱말의 뜻을 미리 알아보세요.**

먼저

뜻 시간이나 순서상에 앞선 때.

예 수찬아, 밥 먹기 전에 손 먼저 씻어라!

📖❓ **다음 동요를 읽고, 물음에 답하세요.**

(가)
하얀 병원차가 삐뽀삐뽀
내가 먼저 가야 해요 삐뽀삐뽀
아픈 사람 탔으니까 삐뽀삐뽀
병원으로 가야 해요 삐뽀삐뽀삐

(나)
　　　　　　소방차가 애앵애앵
내가 먼저 가야 해요 애앵애앵
불났어요 불났어요 애앵애앵
불을 끄러 가야 해요 애앵애앵앵

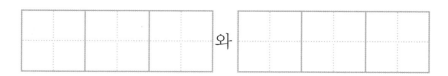
1 이 노래에 등장하는 차는 무엇인가요?

와

2 병원차가 먼저 가야 한다고 말한 까닭은 무엇인가요? (   )

① 아픈 사람이 탔기 때문에

② 동네에 불이 났기 때문에

③ 도둑을 잡아야 하기 때문에

3 병원차와 소방차는 어떤 소리를 내면서 달리는지 선으로 이으세요.

(1) 병원차 •

• ㉮ 애앵애앵

(2) 소방차 •

• ㉯ 삐뽀삐뽀

4 이 노래는 ㉮와 ㉯가 짝을 이루어요. ⬭ 안에 들어갈 알맞은 말은 무엇인가요?

(   )

① 작은   ② 빨간   ③ 느린

📖 **낱말의 뜻을 미리 알아보세요.**

> **고개**
>
> | | |
> |---|---|
> | 뜻 산이나 언덕을 넘어 다니도록 길이 나 있는 곳. | 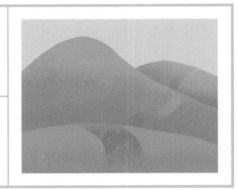 |
> | 예 이 고개만 넘으면 우리 할머니 댁이야. | |

📑 **다음 글을 읽고, 물음에 답하세요.**

　옛날 어느 시골 마을에 ㉠무서운 전설이 내려오는 고개가 하나 있었어요. 이 고개에서 넘어지면 삼 년밖에 못 산다고 하여 사람들은 이 고개를 '삼년고개'라고 했지요. 삼년고개를 넘을 때마다 사람들은 조심조심, 엉금엉금 거북이처럼 걸었어요.

　어느 날 할아버지가 조심조심 삼년고개를 넘고 있었어요. 그런데 그때, 숲에서 토끼 한 마리가 할아버지 앞으로 폴짝 뛰어나왔어요. 깜짝 놀란 할아버지는 그만 엉덩방아를 찧으며 넘어지고 말았어요.

　"아이고, 나는 이제 삼 년밖에 못 살겠구나. 엉엉."

1 ㉠'무서운 전설'은 무엇을 말하나요? (   )

① 삼년고개에서 넘어지면 평생 결혼을 못 해요.

② 삼년고개에서 넘어지면 삼 년밖에 못 살아요.

③ 삼년고개에서 넘어지면 엉금엉금 거북이로 변해요.

2 삼년고개를 넘던 할아버지는 왜 놀랐나요? (   )

① 고개가 너무 위험해서

② 고개를 넘는 사람이 없어서

③ 숲에서 토끼 한 마리가 뛰어나와서

3 엉덩방아를 찧으며 넘어진 할아버지의 마음은 어땠을까요? (   )

①

슬퍼요

②

궁금해요

③

기뻐요

📖 **낱말의 뜻을 미리 알아보세요.**

들키다

뜻 숨기려던 것을 남이 알아채다.	
예 도둑은 형사에게 자신의 정체를 들키고 말았다.	

📖 **다음 글을 읽고, 물음에 답하세요.**

"다 숨었니? 이제 찾는다!"

술래가 된 아빠가 나랑 호야를 찾아요. 나는 커튼 뒤에 숨었고요. 호야는 어딘가에 숨어 있을 거예요. 호야는 우리 집에서 키우는 고양이예요. 아빠가 화장실 문을 벌컥 여는 소리가 들렸어요.

"아이고, 여긴 없네."

그리고 거실 베란다 쪽으로 와서는, 커튼을 확! 열었어요. 나는 금방 들키고 말았어요. 그런데 아무리 찾아도 호야는 어디에 숨었는지 나오지 않았어요. 호야는 과연 어디에 숨었을까요?

1 이 글의 제목을 정하려고 합니다. 알맞은 것에 ○표 하세요.

(1) 숨바꼭질   (   )

(2) 그림자밟기   (   )

(3) 숨은 그림 찾기   (   )

2 이 글을 읽고 다음 내용이 맞으면 '예', 틀리면 '아니요'에 ∨표 하세요.

	예	아니요
(1) 아빠가 술래이다.		
(2) 호야는 화장실에 숨어 있었다.		
(3) 나는 커튼 뒤에 숨었다가 들켰다.		

3 술래가 찾지 <u>못한</u> 것은 누구인지 쓰세요.

4 이 글 바로 뒤에 이어질 이야기로 적절한 것은 무엇인가요? (   )

① 나는 숙제를 했어요.

② 아빠는 화장실에서 나오지 않았어요.

③ 호야는 내 방 침대 이불 속에 숨어 있었어요.

📖 낱말의 뜻을 미리 알아보세요.

갯벌

| 뜻 | 바다에서 바닷물이 빠졌을 때 드러나는 넓은 진흙이나 모래 벌판. |
| 예 | 바닷물이 빠져나가자 갯벌이 드러났다. |

📖❓ 다음 글을 읽고, 물음에 답하세요.

　　우리 가족은 주말에 석모도에 갔다. 아침 일찍 도착하자마자 삽을 들고 갯벌 체험을 시작했다. 쪼그리고 앉아서 *캐느라 조금 힘들었지만 나중에 통에 가득 찬 조개를 보니 뿌듯했다. 별 모양의 불가사리도 봤는데 무서워서 만지지 않았다. 작은 게도 잡았는데, 너무 빨리 도망가서 두 마리밖에 잡지 못했다.

　　우리는 점심에 직접 잡은 조개를 넣어 칼국수를 만들어 먹었다. 직접 잡은 재료로 요리를 해 먹었더니 더 맛있게 느껴졌다. 다음에 또 왔으면 좋겠다.

＊캐느라: 땅속에 묻힌 것을 파서 꺼내느라.

1 글쓴이는 주말에 어디에 다녀왔는지 쓰세요.

<table>
<tr><td> </td><td> </td><td> </td></tr>
</table>

2 글쓴이가 갯벌에서 가장 많이 잡은 것은 무엇인지 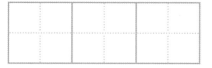에서 골라 ○표 하세요.

조개   게   불가사리

3 글쓴이는 왜 게를 많이 잡지 못했나요? (　　　)

① 게가 팔을 물어서

② 게가 빨리 도망가서

③ 게가 너무 징그러워서

4 다음 중 글쓴이가 가장 나중에 한 일은 무엇인가요? (　　　)

① 게를 잡았어요.

② 조개를 캤어요.

③ 칼국수를 만들어 먹었어요.

📖 **낱말의 뜻을 미리 알아보세요.**

보금자리

뜻 지내기에 매우 포근하고 아늑한 곳을 빗대어 이르는 말.

예 여기가 우리 세 식구의 보금자리란다.

📑 **다음 글을 읽고, 물음에 답하세요.**

여우와 늑대는 생김새가 비슷해서 헷갈리기 쉬워요. 여우와 늑대가 어떻게 다른지 한번 알아볼까요? 여우는 다리가 짧고 주둥이가 좁아요. 또한 털이 길고 귀가 뾰족한 것이 특징이에요. 여우는 토끼나 너구리 같은 다른 동물의 굴을 빼앗아 지내요.

반면 늑대는 다리가 길고 굵으며, 꼬리를 항상 아래로 향하게 두고 있어요. 늑대는 동굴 같은 곳에 마른 풀이나 짐승의 털을 깔아 보금자리를 만들어요. 그리고는 3~6마리의 새끼를 낳아 무리 지어 지내요.

＊주둥이: 짐승이나 물고기 등의 머리에서, 뾰족하게 나온 코나 입 주위의 부분.
＊굴: 산이나 땅 속을 뚫어 만든 길.
＊무리: 여러 사람이나 동물, 사물 등이 함께 모여 있는 것.

1 무엇에 대해 알려 주는 글인지 ○표 하세요.

(1)
여우와 늑대의 같은 점

(　　　)

(2)
여우와 늑대의 다른 점

(　　　)

2 다음은 어떤 동물에 대한 정리인지 빈칸에 이름을 쓰고, 알맞은 말에 ○표 하세요.

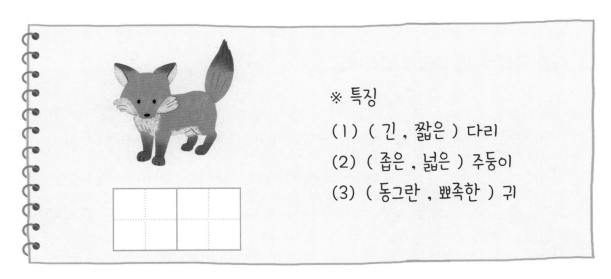

※ 특징

(1) (긴 , 짧은) 다리

(2) (좁은 , 넓은) 주둥이

(3) (동그란 , 뾰족한) 귀

3 늑대는 보금자리를 어떻게 만드나요? (　　　)

① 평평한 곳에 나뭇가지를 쌓아서

② 토끼나 너구리의 굴을 빼앗아서

③ 동굴에 마른 풀이나 짐승의 털을 깔아서

📖 **낱말의 뜻을 미리 알아보세요.**

무게	
🅣 물건의 무거운 정도.	
🅔 무게를 덜기 위해 가방에서 책을 뺐어요.	

📖❓ **다음 글을 읽고, 물음에 답하세요.**

건이는 엄마와 함께 슈퍼마켓에 가기로 했어요. 엄마께서 건이가 좋아하는 포도를 사 주신다고 하셨거든요. 건이는 엄마 손을 잡고 과일 파는 곳으로 갔어요. 건이는 싱싱한 포도 다섯 송이를 비닐봉지에 담았어요.

"건아, 네가 담은 포도가 얼마어치일까? 이 저울에 올려 무게를 재 보면 값을 알 수 있어."

엄마께서 저울을 가리키며 말씀하셨어요. 건이는 엄마 말씀을 듣고 저울에 포도를 올렸어요. 그러자 저울의 숫자가 삐리리리 소리를 내며 올라가는 거예요. 그리고는 '2kg'과 '13,000원'에서 딱 멈췄어요.

> ↳ '만삼천'이라고 읽으면 돼.

> ↳ '킬로그램'이라고 읽으면 돼.

1 건이가 엄마와 함께 간 곳은 어디인가요? (   )

① 도서관   ② 과학실   ③ 슈퍼마켓

2 건이가 포도의 무게를 재기 위해서 사용한 것은 무엇인지 에서 골라 ○표 하고, 이름을 쓰세요.

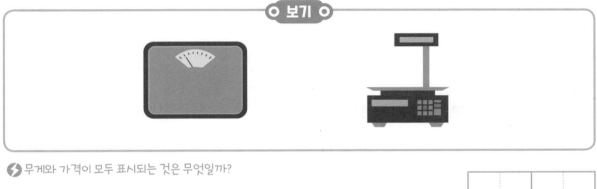

⚡ 무게와 가격이 모두 표시되는 것은 무엇일까?

3 건이가 담은 포도의 값을 쓰세요.

(   ) 원

4 이 글의 제목으로 알맞은 것은 무엇인가요? (   )

① 과일 상자
② 무게 재기
③ 슈퍼마켓의 비밀

📖 **낱말의 뜻을 미리 알아보세요.**

말랑말랑하다

| 뜻 | 찹쌀떡이나 고무풍선처럼 손가락으로 누르면 들어갈 만큼 무르다. |
| 예 | 서호가 말랑말랑한 젤리를 맛있게 먹어요. |

📑 **다음 글을 읽고, 물음에 답하세요.**

꼬물꼬물 달팽이를 본 적이 있니? 달팽이는 *나선 모양으로 꼬여 있는 껍데기를 등에 지고 있어. 단단한 껍데기가 연약한 달팽이 몸을 보호해 주지. 달팽이는 다리는 없지만 '배발'이라는 발이 있어. 말랑말랑한 배발을 뒤쪽에서 앞쪽으로 움직여 조금씩 앞으로 나아가지. 배발 바닥에서는 끈적끈적한 *점액이 나오기 때문에 미끄러지듯 잘 기어갈 수 있단다.

달팽이는 햇볕이 쨍쨍 내리쬐면 껍데기 속으로 들어가 버려. 촉촉한 몸이 마르면 안 되거든. 낙엽 밑이나 이끼와 같이 물기가 많은 곳에 숨어 살다가 비가 오면 껍데기 밖으로 몸을 쭉 내밀고 나오지.

* 나선: 소라 껍데기나 나사못처럼 한 방향으로 빙빙 돌면서 꼬인 것.
* 점액: 동식물의 몸에서 나오는 끈적끈적한 액체.

1 이 글은 어떤 동물에 대하여 말하고 있는지 쓰세요.

2 달팽이 껍데기가 하는 일은 무엇인가요? (   )

① 냄새를 맡게 도와준다.

② 달팽이 몸을 보호해 준다.

③ 잘 기어 다닐 수 있게 도와준다.

3 다음 설명에 나오는 '이것'을 그림에서 찾아 번호를 쓰세요.

- 달팽이는 이것을 이용해 기어 다녀요.
- 이것 바닥에서는 끈적끈적한 점액이 나와요.

(   )

4 달팽이가 숨어 사는 곳을 모두 고르세요. (   )

① 모래   ② 이끼   ③ 낙엽 밑

📖 낱말의 뜻을 미리 알아보세요.

약점

뜻	모자라거나 부끄러워 감추고 싶은 점.
예	남의 약점을 가지고 놀리면 안 돼요.

📖❓ 다음 글을 읽고, 물음에 답하세요.

여러분은 별명을 갖고 있나요? 또는 친한 친구를 이름 대신 별명으로 부른 적이 있나요? 친구끼리 별명을 부르면 친구와 더 가까워지고 사이좋게 지낼 수 있어요. 또한, 친구의 장점이 드러난 별명은 친구의 기분을 좋게 할 수 있지요. 축구를 잘하는 친구에게 '축구 왕'이라고 부르면 그 친구는 뿌듯할 거예요.

하지만 친구끼리 별명을 부를 때 조심해야 할 점이 있어요. 친구의 약점을 가지고 놀리거나, 그 친구가 들었을 때 기분이 나쁘면 안 돼요. 예를 들어 키가 작은 친구한테 '땅꼬마'라고 부르면 기분이 나쁘겠죠? 나는 재미있어서 부르지만 친구가 들었을 때 기분 나쁜 별명을 부른다면 친구가 속상할 거예요.

1 무엇에 대한 글인지 쓰세요.

친구끼리 [ ][ ]을 부르는 것

2 이 글을 읽고 다음 내용이 맞으면 '예', 틀리면 '아니요'에 ∨표 하세요.

	예	아니요
(1) 친한 친구를 부를 때는 꼭 별명으로 불러야 해요.	☐	☐
(2) 장점이 드러난 별명을 불러 주면 친구의 기분이 좋아져요.	☐	☐
(3) 친구와 싸웠을 때 별명을 부르면 금방 화해할 수 있어요.	☐	☐

3 이 글을 읽고 글쓴이의 생각을 알맞게 파악하여 말한 친구는 누구인가요? (   )

① 로아: 친구의 약점을 별명으로 부르는 것은 좋지 않아!

② 하루: 키가 작은 친구에게 '땅꼬마'라고 불러도 되는구나.

③ 도도: 친구가 기분 나빠해도 내가 재미있으면 별명을 불러도 돼.

📖 낱말의 뜻을 미리 알아보세요.

시집가다

뜻 여자가 결혼하여 남의 아내가 되다. ⑪ 장가들다	
예 평강 공주는 바보 온달에게 시집갔다.	

📖❓ 다음 글을 읽고, 물음에 답하세요.

여러분, 인절미가 시집간대요.
콩*고물과 팥고물로 화장을 하고
동그란 쟁반 위에 올라앉아서
시집을 간다네. 입속으로 쏙!

여러분, 총각김치 장가간대요.
새빨간 고춧물에 목욕을 하고
<u>기다란 나무</u> 위에 올라앉아서
장가를 간다네. 입속으로 쏙!

＊고물: 떡의 겉에 묻히거나 시루떡의 켜와 켜 사이에 뿌리는 가루.

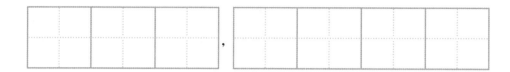
1 이 글에서 등장하는 인물은 누구누구인지 쓰세요.

				,					

2 인절미와 총각김치에 대한 내용으로 알맞은 것을 선으로 짝지어 보세요.

　　　　　　　　　　　　　　　　　　　• ㉮　시집

(1)　인절미　•

　　　　　　　　　　　　　　　　　　　• ㉯　장가

(2)　총각김치　•

　　　　　　　　　　　　　　　　　　　• ㉰　콩고물

　　　　　　　　　　　　　　　　　　　• ㉱　고추물

3 밑줄 친 '기다란 나무'가 뜻하는 것은 무엇인가요? (　　　)

① 　　　　② 　　　　③

사다리　　　　　　　　나무젓가락　　　　　　　　장작

📖 낱말의 뜻을 미리 알아보세요.

독립

뜻	한 나라가 다른 나라에 속하지 않고 자유로운 것.

예	일본이 우리나라를 빼앗았을 때 우리나라의 독립을 위해 싸운 사람들이 많다.

📖❓ 다음 글을 읽고, 물음에 답하세요.

오늘 아빠와 함께 뚝섬역에 있는 공연장에서 〈내 친구 유관순〉이라는 연극을 보았다. 유관순은 일본에게 나라를 빼앗겼을 때 우리나라의 독립을 위해 싸운 *열사였다. 그때 유관순 열사 나이가 열여덟 살이었다고 한다. 유관순 열사는 3·1 운동에 참여하기도 했고 아우내 장터에서 앞장서서 독립 만세를 부르기도 했다.

우리 엄마 아빠보다 어린 나이에 나라를 위해 목숨을 바쳤다니 유관순 열사가 정말 대단하다는 생각이 들었다. 어떻게 나라를 지키기 위해 자기 목숨을 바칠 수 있었을까? 나도 유관순 열사처럼 용기 있는 사람이 되고 싶다.

*열사: 나라를 구하려고 목숨을 바친 사람.

1 글쓴이가 본 공연의 제목은 무엇인지 쓰세요.

내 친구 | | |

2 유관순 열사가 한 일은 무엇인가요? ( )

① 3·1 운동에 참여하였다.

② 아우내 장터에서 장사를 하였다.

③ 아이들에게 연극을 가르쳐 주었다.

3 글쓴이가 공연을 보고 느낀 점이 <u>아닌</u> 것은 무엇인가요? ( )

① 공연 시간이 짧아 아쉬웠다.

② 유관순 열사처럼 용기 있는 사람이 되고 싶다.

③ 어린 나이에 나라를 위해 목숨을 바친 유관순 열사가 대단하다.

📖 낱말의 뜻을 미리 알아보세요.

엄청

뜻	양이나 정도가 아주 지나친 상태.
예	우리 집에는 물려줄 만한 장난감이 엄청 많아요.

📑 다음 글을 읽고, 물음에 답하세요.

20○○년 12월 25일 금요일　　날씨:

제목: 크리스마스 선물 짱구

　내 동생 짱구가 태어났다. 그것도 크리스마스에. 오래오래 기다렸는데 드디어 엄마 배 속에서 나왔다. 산타 할아버지한테 선물을 받지는 못했지만 그것보다 동생이 선물이니까 더 좋다.

　짱구는 내가 생각한 것보다 엄청 작고 귀여웠다. 내가 누나니까 잘 데리고 놀 거다. 오늘처럼 눈 오는 날 눈싸움도 해야지. 짱구가 빨리 컸으면 좋겠다.

1 **이 글을 쓴 날의 날씨를 알맞게 표현한 것은 무엇인가요?** (   )

① 햇볕이 쨍쨍   ② 비가 주룩주룩   ③ 눈이 펑펑

2 **이 글에 나오는 짱구에 대한 설명으로 알맞은 것을 두 가지 고르세요.** (   )

① 짱구는 남동생이다.

② 짱구는 12월 25일에 태어났다.

③ 짱구는 글쓴이와 오늘 눈싸움을 했다.

3 **이 글을 통해 알 수 있는 짱구의 생일은 언제인지 쓰세요.**

4 **글쓴이의 생각으로 알맞은 것을 고르세요.** (   )

① 짱구가 여동생이면 좋겠다.

② 짱구가 빨리 컸으면 좋겠다.

③ 크리스마스 선물을 받고 싶다.

📖📖 **낱말의 뜻을 미리 알아보세요.**

아물다

🟦뜻 부스럼이나 상처가 다 나아 살갗이 맞붙다.

🟦예 상처가 아물 때까지 긁지 않도록 해.

📖? **다음 글을 읽고, 물음에 답하세요.**

아주 먼 옛날, 바닷속에서 고래 한 마리가 새끼를 낳았어요. 고래는 새끼를 낳자마자 젖을 물렸지요. 새끼 고래는 배부르게 어미 젖을 먹고 나서 헤엄치기 시작했어요. 어미 고래 주위를 뱅글뱅글 돌면서 헤엄을 쳤어요.

어미 고래는 옆에서 새끼 고래가 헤엄치는 모습을 보고 기뻐했어요. 그러고는 배가 고파 바닷속 미역을 뜯어 먹었지요. 새끼를 낳느라 상처난 곳이 조금씩 <u>아물기</u> 시작했어요.

1 이 글은 어디에서 있었던 일을 쓴 것인가요? (　　　)

① 산속　　　　　　　　② 바닷속　　　　　　　　③ 강가

2 이 글의 내용으로 알맞은 것에 ○표 하세요.

(1) 어미 고래가 새끼를 낳았다. 　　　　　　　　　　　　　　　(　　　)

(2) 어미 고래는 상어의 공격으로 상처가 났다. 　　　　　　　　(　　　)

(3) 새끼 고래는 태어나자마자 어미 고래를 떠났다. 　　　　　　(　　　)

3 이 글에서 어미 고래가 새끼를 낳고 먹은 것은 무엇인지 쓰세요.

4 밑줄 친 '아물기'와 같은 뜻으로 쓰인 낱말은 무엇일까요? (　　　)

① 하늘을 날기 시작했어요.

② 싹이 나오기 시작했어요.

③ 배 아픈 게 나아지기 시작했어요.

📖 **낱말의 뜻을 미리 알아보세요.**

초과

뜻 일정한 정도나 수를 넘음.

예 엘리베이터에서는 정원 초과를 알리는 벨이 울렸다.

다음 글을 읽고, 물음에 답하세요.

일요일 오후, 우리 가족은 영화관에 도착해서 엘리베이터를 타기 위해 줄을 섰습니다. 재미있는 영화를 볼 생각에 두근두근 신이 났습니다. 방학이라 그런지 사람이 아주 많았습니다. 엘리베이터가 왔을 때 사람들이 우르르 타기 시작했습니다. 맨 뒤에 서 있던 우리 가족도 종종걸음을 하며 엘리베이터를 탔습니다. 그런데 그때

"삐삐. 정원 초과. 나중에 타신 분은 내려 주십시오. 삐삐."

나는 깜짝 놀랐습니다. 마지막에 탄 아빠가 내렸더니 그제야 경고음이 멈췄습니다. 아빠는 먼저 올라가 있으라고 하셨습니다. 아빠가 늦으실까 봐 걱정이 되었습니다. 얼마 지나지 않아 다음 엘리베이터를 타고 올라오신 아빠를 보고 그제야 안심이 되었습니다.

1 이 글은 언제 있었던 일을 쓴 것인가요? (   )

① 토요일 오후   ② 일요일 오전   ③ 일요일 오후

2 엘리베이터에서 경고음이 울린 까닭은 무엇인가요? (   )

① 엘리베이터가 고장 나서

② 엘리베이터 문이 열리지 않아서

③ 엘리베이터에 너무 많은 사람이 타서

3 엘리베이터에 가장 나중에 탄 사람은 누구인지 찾아 쓰세요.

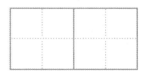

4 '나'의 마음은 어떻게 달라졌는지 알맞게 나타낸 것을 고르세요. (   )

	먼저 올라왔을 때	아빠를 봤을 때
①	기쁘다	놀랍다
②	걱정되다	화가 나다
③	걱정되다	안심이 되다

📖 낱말의 뜻을 미리 알아보세요.

> **풍경**
>
> 뜻 산이나 들, 강, 바다 따위의 자연이나 지역의 모습.
>
> 예 풍경이 좋은 곳에 가면 가슴이 탁 트인다.

❓ 다음 글을 읽고, 물음에 답하세요.

프랑스의 작은 마을 아를에는 해바라기를 잘 그리는 화가 고흐가 살았답니다. 그림 그리는 일을 정말 사랑한 고흐는 밤을 싫어했어요. 왜냐하면 밤에는 어둠 때문에 아무것도 보이지 않아 그림을 그릴 수 없었으니까요.

그러던 어느 날 밤, 아를의 론강에서 별빛이 강물에 비친 모습이 아름답다고 생각한 고흐는 밤 풍경을 그리기 시작했어요. 평소에 자주 가던 카페의 밤 풍경도 따뜻하게 그려냈지요. 고흐의 그림에는 어두운 색 위에 따뜻한 노란색이 다채롭게 표현되어 있습니다.

▲ 해바라기

▲ 밤의 카페 테라스

1 이 글의 주인공인 고흐의 직업은 무엇인지 쓰세요.

└→ 하는 일이 먼저 찾아봐.

2 고흐가 밤을 싫어한 이유는 무엇이었나요? (   )

① 노란색을 쓸 수 없기 때문에

② 해바라기가 피지 않았기 때문에

③ 어두워서 그림을 그릴 수 없었기 때문에

3 이 글을 읽고 다음 내용이 맞으면 '예', 틀리면 '아니요'에 ∨표 하세요.

	예	아니요
(1) 고흐는 노란색 물감만 사용했다.		
(2) 고흐는 어두운 곳을 무서워했다.		
(3) 고흐는 프랑스의 작은 마을 아를에 살았다.		

세 가지 모양을 보고, 가장 앞에 놓인 것부터 순서대로 번호를 쓰세요.

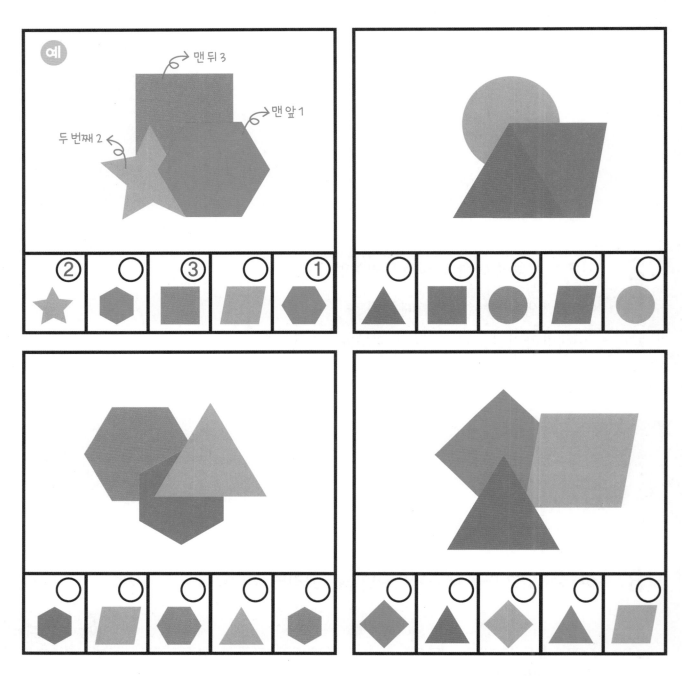

정답 및 해설 15쪽에서 확인하세요.

앗!

[정답 및 해설]이 어디 도망갔다고요?
길벗스쿨 홈페이지에 들어오세요.
도서 자료실에 딱 준비되어 있습니다!

기적의 독해력

기본편

정답 및 해설

P1권

P1 기본편

14~15쪽

1 할아버지   2 민주   3 형
4 고양이   5 연필, 지우개

처음 독해 '누가' 나오나요?

글에서 '누가' 나오는지 파악해야 할 때는 등장인물(글에 나온 사람이나 동물, 사물 등)을 잘 찾아 보세요.

연습 5 연필이 지우개에게 말을 걸었다고 했으니 이 문제에서는 '연필'과 '지우개'가 나온 것입니다.

18~19쪽

1 저녁에   2 금요일에   3 내일
4 밤마다   5 점심시간에

처음 독해 누가 무엇을 '언제' 하나요?

글에서 '언제' 하는지를 찾을 때는 시간을 나타내는 말들을 살펴보세요. 예를 들어, '아침 일찍, 오후에, 밤늦게, 1시에, 지금' 등과 같이 시간을 나타내는 말을 확인하면 일이 일어난 때를 알 수 있어요.

연습 4 '마다'는 주로 시간을 나타내는 말 뒤에 붙어서 쓰입니다. '밤마다'는 '밤에 한 번씩'을 뜻합니다.

16~17쪽

1 운동을 해요.   2 회사에 가요.
3 버스를 탔습니다.   4 하품을 해요.
5 춤을 추고 / 노래를 하고 있어.

처음 독해 누가 '무엇을 하나요'?

글에서 누가 무엇을 하는지 파악할 때는 등장인물이 어떤 행동을 하는지 살펴보세요.

연습 5 이 문제에서 형과 누나가 나오니까 형은 '춤을 추고', 누나는 '노래를 하고 있어.'에 각각 밑줄을 긋습니다.

20~21쪽

1 도서관에서   2 방에서   3 할머니 댁에서
4 놀이터에서   5 필통 속에서

처음 독해 누가 무엇을 '어디에서' 하나요?

글에서 '어디에서' 하는지를 찾을 때는 장소를 나타내는 말들을 살펴보세요. 예를 들어, '여기, 방에서, 우리나라에서, 집으로, 학교에'처럼 장소를 나타내는 말을 확인하면 일이 일어난 곳을 쉽게 파악할 수 있어요.

3 DAY

22~23쪽

1 느릿느릿   2 꼼꼼하게   3 열심히
4 바쁘게   5 팀을 나눠서

처음 독해 누가 무엇을 '어떻게' 하나요?

글에서 '어떻게' 하는지를 찾을 때는 등장인물이 어떻게 보이는지 살펴보세요. 어떤 모습을 하고 있는지, 어떤 일이 일어나고 있는지 알아보세요. 예를 들어, '느릿느릿, 착착'처럼 모양이나 소리를 흉내 내는 말을 찾는다든지, '바쁘게, 동그랗게 모여 앉아' 같이 어떤 모습이나 장면이 머릿속에 그려지게 표현한 부분을 찾아보세요.

24~25쪽

1 1등을 하려고   2 프로 게이머가 되고 싶어서
3 예뻐지기 위해   4 감기 때문에
5 살을 빼려고

처음 독해 누가 무엇을 '왜' 하나요?

글에서 '왜' 하는지를 파악할 때는 이유나 까닭이 나타난 부분을 확인해 보세요. 이유나 까닭을 표현할 때는 '~하려고, ~하기 위해서, ~때문에'와 같은 말을 주로 사용해요. 그리고 이유는 여러 가지가 나올 수 있기 때문에 명확하게 파악해야 해요. 예를 들면 '배가 고파서' 밥은 먹는 것인지, '점심시간이기 때문에' 밥을 먹는 것인지 글의 내용에 따라 답이 달라지기도 하거든요.

4 DAY

28~31쪽

1 이하나 2 ③ 3 ① 4 ①
5 (3) ○ 6 ③ 7 동생 8 (2) ○

한 문장 독해

한 문장이 읽기 지문으로 제시되고, 독해 문제가 출제됩니다. 독해 연습을 시작하는 마음으로 꼼꼼하게 문장을 읽고 문제를 풀어 보세요.

3 준수가 축구를 했는지, 축구공을 샀는지, 축구를 보러 갔는지 문장을 꼼꼼히 읽어 봅니다.

6 민재가 헐레벌떡 학교에 뛰어간다고 했으니까 뛰어가는 민재의 모습을 표현한 그림을 찾습니다.

6 DAY

36~39쪽

1 정후 2 (1) ○ 3 (1) ○ 4 ①
5 ① 6 푸른 수목원 7 ① 8 ②
9 ③ 10 따뜻한 물

두 문장 독해

문장이 하나 더 나올 때, 문장과 문장 사이의 관계를 잘 살펴야 해요.

4 밭으로 황소를 데리고 간 것은 농부이고, 하루 종일 밭을 갈며 일한 것은 황소입니다.

8 도깨비들은 혹부리 영감의 혹을 떼어 갔습니다.

5 DAY

32~35쪽

9 팥 10 (2) ○ 11 따뜻한 12 ③
13 (3) ○ 14 ② 15 ② 16 (2) ○

10 효진이는 집에 오자마자 손부터 씻었다고 했으니까 가장 먼저 한 일은 손 씻기입니다.

16 문장에서 잠자리에 들기 전 양치질을 깨끗이 하는 습관을 가지라고 했으니까 양치질하는 모습을 나타낸 그림이 글의 내용과 가장 어울립니다.

7 DAY

40~43쪽

11 ② 12 가을 13 ① 14 (1) ㉯ (2) ㉮
15 ② 16 물감 17 ③ 18 빵, 행복
19 ③ 20 ③ 21 (1) ㉰ (2) ㉯ (3) ㉮

13 가을을 좋아하는 이유가 아닌 것을 골라야 합니다. 날씨가 시원하다는 내용은 나오지 않았습니다.

14 진주는 진우보다 키가 크고, 진우는 진주보다 발이 큽니다.

17 크레파스를 가져 오지 않은 진규는 승환이에게 크레파스를 빌려 달라고 부탁했을 겁니다.

19 이 글에는 여러 가지 동물의 울음소리가 나오는데 돼지는 나오지 않았습니다.

1 어머니, 주영이, 동생　2 ②, ③　3 댁

4 학교 운동장　5 ①　6 📖 , 🤖 , 🧥

7 소영　8 ③　9 ①

10 사자, 생쥐　11 ㉮ → ㉰ → ㉯　12 ②

세 문장 독해

이번에는 세 문장이 하나의 글을 이루면서 읽기 지문으로 나오고, 그에 해당하는 독해 문제도 3가지가 출제됩니다. 어떤 내용인지 무슨 문제인지 잘 살펴보세요.

2 주영이는 할머니 댁에 가서 감자도 캐고, 물고기도 잡았다고 했습니다.

자세하게 버스를 탄 것은 할머니 댁에 가기 위해 한 일로 할머니 댁에 가서 한 일은 아닙니다.

5 알뜰 장터에서 물건을 팔고 싶은 사람은 금요일까지 선생님께 신청하라고 하였습니다.

6 알뜰 장터에서는 작고 가벼운 물건만 팔 수 있다고 했습니다. 책상이나 자전거 같이 무겁고 큰 물건은 팔 수 없습니다.

7 '소영아'라고 부르는 부분에서 쪽지를 받는 사람이 소영이라는 것을 알 수 있고, 쪽지 마지막의 '민지가'라는 부분을 통해 쓴 사람이 민지라는 것을 알 수 있습니다.

12 사자는 자기의 콧등을 건드린 생쥐를 잡아먹으려고 했습니다. 이를 통해 사자는 화가 났을 거라고 짐작할 수 있습니다.

13 올림픽　14 4　15 (1) 1988년 (2) 서울

16 높임말　17 ①　18 (1) 진지 (2) 드시다

(3) 주무시다　19 ③　20 ①　21 ①, ③

22 침, 뱉는　23 ③　24 ①, ③

13 이 글은 올림픽에 대한 설명을 담고 있습니다.

15 우리나라에서는 1988년 서울에서 올림픽이 열렸습니다.

17 웃어른은 나보다 나이가 많거나 지위, 신분, 항렬 따위가 높은 어른을 가리킵니다. 동생은 나보다 어리기 때문에 웃어른이라고 할 수 없습니다.

20~21 글쓴이는 집에 오신 분들께 초인종이 고장 나서 현관문을 두드리거나 전화를 달라고 부탁했습니다.

23 이 글은 침을 함부로 뱉지 말자는 글쓴이의 생각이 담긴 글입니다.

24 침을 뱉으면 침 자국으로 얼룩진 길바닥이 더러워지고, 다른 사람의 기분을 상하게 하므로 침을 함부로 뱉으면 안 된다고 하였습니다.

자세하게 공원이나 길은 여러 사람이 함께 이용하는 곳이지, 어린이만 이용하는 곳은 아닙니다.

1 바다, 나무   2 ○: 꽃, 달, 별 / ♡: 엄마, 아빠, 친구   3 예 할머니, 선생님 등
4 ③   5 ①   6 (1) ㉮ (2) ㉯ (3) ㉰
7 ②   8 ①   9 어서 오세요
10 한밤중   11 ②   12 ①

네 문장 독해

3 내가 좋아하거나 사랑하는 낱말 중에서 세 글자로 이루어진 낱말을 떠올려 써 봅니다.

7 우리 가족이 여름 휴가로 제주도에 갔을 때, 그곳 식당에서 있었던 일을 쓴 글입니다.

8 '혼저옵서예.'는 제주도 인사말로 '어서 오세요.'라는 뜻이라고 아빠가 말씀하셨습니다.

자세하게 표준어와 방언: 한 나라에서 표준이 되게 정한 말을 '표준어'라고 하고, 어느 한 지방에서만 쓰는, 표준어가 아닌 말(사투리)을 '방언'이라고 합니다.

10 '한밤중'은 아주 깊은 밤을 가리키는 말로, 이 글에서 때를 나타내는 말입니다.

12 지수는 한밤중에 배가 아파서 아빠와 함께 응급실에 갔다고 했습니다. 따라서 응급실에 대한 설명 중에서 '지수가 사는 곳'이라는 설명은 맞지 않습니다.

13 북극   14 ①   15 (2) ○
16 ②   17 15   18 ③
19 ②   20 ③   21 가지 마세요
22 입   23 ②   24 ②

15 북극에 사는 곰이 얼음이 자꾸 녹아서 얼음 위에 둥둥 떠 다니는 모습을 나타낸 사진을 고릅니다.

16 이 글은 방귀에 대해 알려 주는 글입니다.

18 방귀는 참으면 몸에 안 좋다고 말했습니다. 그리고 음료수를 먹으면 방귀가 자주 나온다는 내용은 나오지 않습니다.

21 비가 많이 오면 개천의 물이 넘칠 수도 있으니까 어린이와 할머니, 할아버지는 밖에 나가지 말라고 당부하고 있습니다. 따라서 절대 다음에는 개천 근처에 가지 말라는 말이 나와야 합니다.

23 ①은 눈이 두 개인 이유로 알맞습니다.
③은 다리가 두 개인 이유로 알맞습니다.

24 할아버지는 사람의 입이 하나인 것은 말을 늘 조심해야 하기 때문이라고 하셨습니다.

1 팝콘 **2** 🌽, 옥수수 **3** ②

1 이 시는 맛있는 팝콘을 먹었던 경험을 표현한 시입니다.

2 '옥수수야!'에서 팝콘을 만드는 재료를 알 수 있습니다.

3 영화를 보면서 바삭바삭한 팝콘을 먹을 때는 좋았다가 다 먹어 버려서 아쉬운 마음이 잘 드러납니다.

1 할아버지 **2** ㉮ → ㉡
3 황금 알 **4** (1) ㉯ (2) ㉮

1 이 이야기에는 할아버지가 나옵니다.

자세하게 이야기를 읽을 때는 이야기에 어떤 인물이 나오는지를 파악하는 게 중요합니다.

2 할아버지는 거위 소리를 듣고 잠에서 깨어 농장으로 달려갔습니다. 그러고 나서는 황금 알이 놓인 거위 둥지를 보고 깜짝 놀랐습니다.

자세하게 이야기를 읽을 때는 어떤 일이 일어났는지 차례대로 파악해야 합니다.

1 ② **2** ②, ③ **3** 반찬, 골고루

3 이 글은 경민이의 엄마가 경민이에게 쓴 것으로 엄마는 경민이에게 편식하지 말고 반찬을 골고루 먹자고 말하고 있습니다.

자세하게 이 글은 제안하는 글입니다. 제안은 어떤 일을 더 좋은 쪽으로 해결하기 위하여 의견을 내는 것을 말합니다. 나의 제안에 맞는 까닭도 써야 하기 때문에 제안하는 글도 하나의 주장하는 글로 볼 수 있습니다.

1 ① **2** (1) ㉮ (2) ㉡ (3) ㉯ **3** 3, 6

1 할아버지가 도넛을 사 오셨습니다.

2 할아버지는 땅콩 도넛을, 엄마는 딸기 크림 도넛을, '나'는 초콜릿 도넛을 골라 하나씩 먹었습니다.

3 할아버지가 처음에 사 오신 도넛은 아홉 개였고, 그 중에 세 개를 할아버지, 엄마, '내'가 나누어 먹었으므로 남은 도넛은 여섯 개입니다.

자세하게 일종의 수학 독해 문제입니다. 글을 읽고, 문제에 알맞은 답을 바르게 표현해 봅니다.

1 음악 줄넘기   2 ③   3 (1) 다리 (2) 키

1 이 글은 음악 줄넘기에 대해 소개하는 글입니다. 이 글에서 중요한 정보는 음악 줄넘기의 좋은 점으로 문제를 통해 글의 내용을 정리해 볼 수 있습니다.

3 음악 줄넘기를 하면 다리의 힘을 기를 수 있고, 뼈가 성장하는 것을 도와주어서 키가 자라게 된다고 설명하고 있습니다.

자세하게 설명하는 글을 읽을 때는 무엇을 설명하는지 파악하는 게 가장 중요합니다.

1 ②   2 ③   3 ③   4 음료수

1~2 은우는 경비 아저씨께 감사한 마음을 표현하기 위해 편지를 썼습니다.

자세하게 편지글을 읽을 때는 누가 누구에게 쓴 편지인지 파악하는 게 가장 먼저 할 일입니다. 그리고 왜 편지를 썼는지 이유를 파악하며 읽어야 합니다.

1 ②   2 강아지   3 ②, ③   4 ①

1 '나'는 부모님께 강아지를 기르게 해 달라고 말하고 있습니다.

4 ②와 ③의 '마리'는 짐승이나 물고기, 벌레 따위를 세는 단위입니다. 그런데 '두루마리'는 이어진 종이나 휴지 등을 둥글게 말아 놓은 것을 뜻하는 낱말이어서 밑줄 친 '마리'와 다른 뜻으로 쓰였습니다.

1 이름표   2 ②, ③   3 ②

1~2 글쓴이는 학용품에 이름표를 붙이자고 말하고 있습니다. 그리고 그 까닭으로 이름표를 붙이지 않으면 친구의 물건과 구별하기가 힘들다는 것을 말하였습니다. 또 이름표를 붙이면 학용품을 잃어버렸을 때 찾기 쉽다고 말하였습니다.

3 '연필, 지우개, 공책'을 모두 가리키는 낱말은 '학용품'입니다.

16 DAY　　　　　78~79쪽

1 ②　　**2** (1) ㉰　(2) ㉯　(3) ㉮　　**3** 새끼손가락

1~2 이 글은 다섯 손가락의 이름에 대해 설명하고 있으며 '엄지'는 첫째 손가락을, '검지'는 둘째 손가락을, '중지'는 셋째 손가락을 가리킵니다.

3 손가락 중에서 가장 작은 '소지'는 '새끼손가락'이라고도 합니다. '새끼손가락 고리 걸어 꼭꼭 약속해.'라는 노랫말에도 나옵니다.

17 DAY　　　　　82~83쪽

1 ②　　**2** 쫄깃쫄깃　　**3** ①　　**4** 레, 미, 솔, 시

1 이 노래는 '도레미파솔라시도' 계이름을 소재로 만든 동요입니다.

　자세하게 **계이름**: 음악에서 사용하는 낱말로, 특정 음을 기준으로 하여 음에 이름을 붙인 것입니다. 대표적으로 서양 음악의 '도, 레, 미, 파, 솔, 라, 시'가 있습니다.

3 '파'로 시작하면서 '예쁜'과 어울리는 낱말을 고릅니다.

4 빈칸에 계이름을 순서대로 써 넣습니다. 노랫말에 나오는 큰 글자를 따라 써 봅니다.

　　　　　80~81쪽

1 ①　　**2** (2) ○　　**3** ③　　**4** 우유, 과일 주스

1 글쓴이는 검정 색소가 많이 들어가 있고, 톡 쏘는 맛의 콜라에 대해 말하고 있습니다.

2 콜라는 색소와 설탕이 너무 많이 들어 있어서 이를 썩게 만든다고 하였습니다.

3 피자나 햄버거, 치킨 등을 먹을 때 함께 마신다고 하였습니다.

4 글쓴이는 콜라 대신 우유나 과일 주스를 추천하였습니다.

　　　　　84~85쪽

1 ①, ②　　**2** (1) ✕　(2) ✕　　**3** 반달, 보름달

1 이 글에는 떡을 먹으면 모양이 바뀌는 달과 달에서 떡방아를 찧는 달토끼가 나옵니다.

2 눈썹달은 배가 고프면 달토끼가 찧어 준 떡을 먹는다고 했습니다. 그리고 배가 불러서 보름달이 되면 달토끼는 방아 찧기를 멈춘다고 하였습니다.

3 배가 고픈 눈썹달은 달토끼가 만들어 준 떡을 먹으면 반달이 되고, 점점 빵빵해져서 보름달이 된다고 하였습니다.

18 DAY

1 ③   2 ②   3 (1) ㉯ (2) ㉮   4 ③

1 이 글은 준우네 가족이 동해에 계신 할머니 댁으로 여름 휴가를 갔던 일을 다루고 있습니다.

자세하게 제목짓기: 짧은 글을 읽고, 그 이야기가 어떤 내용을 담고 있는지 파악하면 글의 제목을 지을 수 있습니다. 누가, 언제, 어디에서, 무엇을 하였는지 잘 읽어 보세요.

3 바닷가에서 아빠는 그늘막 텐트를 치고, 준우와 연우는 물놀이를 하였습니다.

4 준우와 연우가 노는 모습을 핸드폰에 담았다는 것은 핸드폰으로 사진을 찍었다는 뜻입니다.

1 ③   2 (1) 예 (2) 아니요 (3) 아니요
3 보다, 걷다

2 횡단보도를 건널 때는 일단 서고, 빨간불이거나 녹색불이 깜빡일 때는 차가 없어도 절대 건너지 말라고 했습니다.

자세하게 글을 읽고 보기로 제시된 내용이 맞는지 아닌지 확인할 때는 그 내용이 글 어디에 나왔었는지 한 번 더 읽어 보면 좋아요. 이때 글의 내용이 맞으면 '예', 틀리면 '아니요'에 체크합니다.

DAY

1 병원차, 소방차   2 ①   3 (1) ㉑ (2) ㉖   4 ②

1 이 동요에는 병원차와 소방차가 나옵니다.

자세하게 동요도 한 편의 시입니다. 시가 노래하는 대상이 있듯이 동요에도 노래하는 대상이 있습니다. 무엇에 대하여 어떻게 노래하고 있는지 재미있게 읽어 보세요.

2 동요에서 병원차는 아픈 사람 탔으니까 먼저 가야 한다고 말하고 있습니다. 소방차는 불을 끄러 가야 하기 때문에 먼저 가야 한다고 말하고 있습니다.

4 ㉑와 ㉖는 짝을 이루고 있으므로, ㉑의 '하양'과 짝을 이룰 수 있는 색깔을 나타낸 말이 오는 게 어울립니다. 소방차는 빨간색입니다.

1 ②   2 ③   3 ①

3 이 문제는 할아버지의 기분이 어땠을지 상상해 보는 문제입니다. 삼년고개는 넘어지면 삼 년밖에 못 산다는 전설이 내려오는 곳입니다. 할아버지는 놀란 토끼 때문에 삼년고개에서 넘어졌습니다. 앞으로 삼 년밖에 못 살 거라는 생각을 하면 슬플 것입니다.

자세하게 인물의 마음을 상상할 때는 인물의 말이나 행동, 생각 등을 파악하면 됩니다.

20DAY

1 (1) ○   2 (1) 예 (2) 아니요 (3) 예   3 호야
4 ③

1 이 글은 '나'와 아빠 그리고 고양이 호야가 숨바꼭질을 하는 상황이므로 제목도 '숨바꼭질'이 가장 잘 어울립니다.

3 아빠는 술래가 되어 커튼 뒤에 숨어 있던 '나'를 가장 먼저 찾았고, 호야는 어디에 숨어 있는지 찾지 못했습니다.

4 '호야는 과연 어디에 숨었을까요?'라고 끝났으니 바로 뒤에는 호야를 찾게 된 이야기가 이어질 것입니다.

1 석모도   2 조개   3 ②   4 ③

1 글쓴이의 가족은 주말에 석모도에 다녀왔습니다.

4 글쓴이는 아침에 석모도에 도착해서 조개를 캐고, 게를 잡았고, 점심에는 조개로 칼국수를 만들어 먹었습니다.

자세하게 기행문과 같은 글을 읽을 때는 글쓴이가 여행의 과정이나 일정에 따라 어떤 일들(보거나 듣거나 한 일)을 겪었는지, 그 과정에서 무엇을 느꼈는지 파악하며 읽는 게 중요합니다.

1 (2) ○   2 여우, (1) 짧은 (2) 좁은 (3) 뽀족한
3 ③

1 이 글은 여우와 늑대의 차이점에 대해서 설명하는 글입니다.

2 여우는 다리가 짧고, 주둥이가 좁으며, 털이 길고, 귀가 뽀족하다고 했습니다.

> **자세하게** 대상의 차이점에 대해서 설명하는 글을 읽을 때는 어떤 점이 다른지 정리하며 읽으면 도움이 됩니다.

1 ③   2 ▣, 저울   3 13,000   4 ②

2 건이 엄마는 건이에게 포도를 저울에 올려서 무게를 재야 얼마어치인지 알 수 있다고 하셨습니다. 두 가지 저울 중에서는 무게와 가격이 함께 나오는 저울이 건이가 사용한 저울입니다.

4 이 글은 건이가 엄마와 슈퍼마켓에 가서 저울로 무게를 재 본 일에 대해 쓴 글입니다.

> **자세하게** 글의 내용에 알맞은 제목을 고를 때는 주로 무슨 내용을 담고 있는지 파악하는 것이 중요합니다.

1 달팽이   2 ②   3 ③   4 ②, ③

1 이 글은 달팽이에 대해서 설명하고 있습니다.

3 설명에서 나오는 '이것'은 배발입니다. 달팽이는 배발을 이용해서 기어 다니고, 배발 바닥에서는 점액이 나옵니다. 달팽이 그림에서 배발에 해당하는 것은 ③입니다.

4 달팽이는 낙엽 밑이나 이끼와 같은 물기가 많은 곳에 숨어 삽니다.

1 별명   2 (1) 아니요 (2) 예 (3) 아니요   3 ①

3 이 글에서는 친구끼리 별명을 부를 때 조심해야 한다고 말하고 있습니다. 친구의 약점을 별명으로 부르면 친구가 들었을 때 기분이 나쁠 수 있으므로 키가 작은 친구에게 '땅꼬마'라는 별명은 부르면 안 된다고 했습니다.

23 DAY

1 인절미, 총각김치   2 (1) ㉮, ㉰   (2) ㉯, ㉱
3 ②

1 이 글은 인절미와 총각김치를 먹는 모습을 입속으로 시집, 장가간다고 표현한 전래 동요입니다.

2 인절미에는 콩고물과 팥고물로 화장을 한 후에 시집을 간다고 하였고, 총각김치는 새빨간 고추물에 목욕을 하고 장가를 간다고 하였습니다.

3 총각김치가 기다란 나무 위에 올라앉았다고 했으니까 밑줄 친 '기다란 나무'는 젓가락을 표현한 것입니다.

자세하게 김치를 집어 먹을 때 무엇을 사용하는지 한번 생각해 보세요.

24 DAY

1 ③   2 ①, ②   3 크리스마스   4 ②

1~2 눈이 온 크리스마스에 남동생이 태어난 일을 쓴 일기입니다.

자세하게 일기는 그날 있었던 일 중 인상 깊었던 일과 그 일에 대한 자기 생각이나 느낌을 쓴 글입니다. 일기를 쓰면 지난 일을 기억할 수도 있고 그때의 생각이나 기분을 자세히 알 수 있습니다.

4 크리스마스에 선물을 받지는 못했지만 그것보다 동생이 선물이어서 좋다고 했으며, 짱구가 여동생이면 좋겠다는 내용은 글에 나오지 않습니다.

1 유관순   2 ①   3 ①

1 글쓴이는 '유관순은 내 친구'라는 연극 공연을 보았습니다.

3 글쓴이는 어린 나이에 나라를 위해 목숨을 바친 유관순 열사가 대단하다고 느꼈습니다. 그리고 유관순 열사처럼 용기 있는 사람이 되고 싶다고 생각했습니다.

1 ②   2 (1) ○   3 미역   4 ③

1 이 글은 바닷속 고래가 새끼를 낳은 장면을 담고 있습니다.

3 어미 고래는 새끼 고래에게 젖을 먹이고 난 후 바닷속 미역을 뜯어 먹었습니다.

4 새끼를 낳느라 상처 난 곳이 조금씩 나아지기 시작했습니다.
  ① **날다**: 공중에 떠서 어떤 곳에서 다른 곳으로 움직이다.
  ② **나오다**: 속에서 바깥으로 솟아나다.

1 ③ 2 ③ 3 아빠 4 ③

2 엘리베이터에 경고음이 울릴 때, '정원 초과, 나중에 타신 분은 내려주십시오.'라고 한 것으로 보아 너무 많은 사람이 엘리베이터에 탔기 때문임을 알 수 있습니다.

4 '나'는 아빠가 못 올라오실까 봐 걱정이 되었다가 다음 엘리베이터를 타고 올라오신 아빠를 보고 안심이 되었다고 했습니다.

자세하게 등장인물의 마음은 어떤 일이 일어나느냐에 따라 바뀔 수 있습니다. 등장인물이 언제 어떤 마음이었는지 글에서 확인해 보세요.

1 화가 2 ③ 3 (1) 아니요 (2) 아니요 (3) 예

1 이 글은 화가 반 고흐를 설명해 주는 글입니다.

2~3 고흐는 노란 해바라기를 잘 그렸을 뿐, 노란색 물감만을 사용한 것은 아니었습니다. 그리고 어둠을 무서워한 것이 아니라 어두워서 그림을 그릴 수 없었기 때문에 밤을 싫어하였습니다.

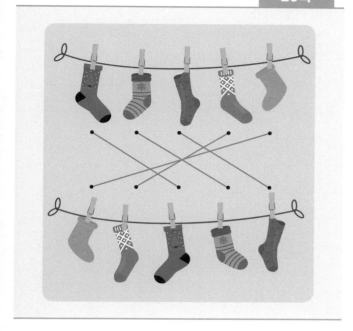

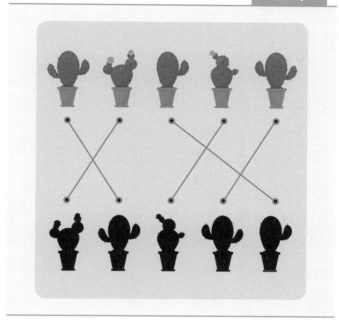

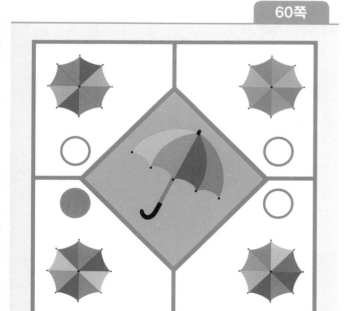

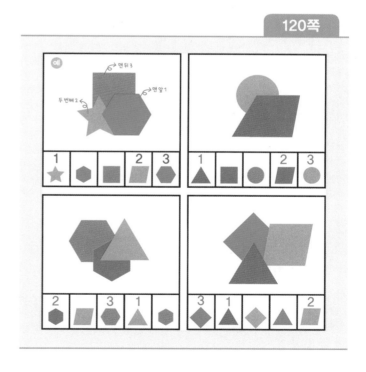

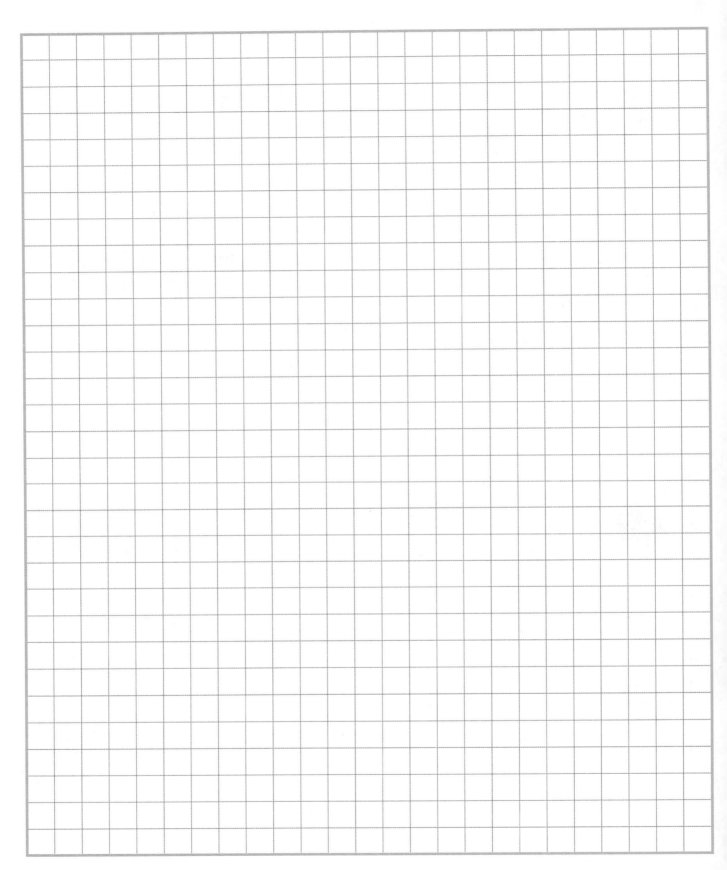

길벗스쿨

기적의 학습서
오늘도 한 뼘 자랐습니다.

기적의 공부방에서 함께 공부해요!

길벗스쿨 공식 카페 〈기적의 공부방〉
http://cafe.naver.com/gilbutschool

★지금 가입하면 누릴 수 있는 3가지!

1 꾸준한 학습이
가능해요!

- 스케줄 관리를 통해 책 한 권을 끝낼 수 있는 **학습단**에 참여해 보세요!
- 도서 관련 **학습 자료**와 **선배 엄마들의 노하우**를 확인할 수 있어요!
- 궁금한 것이 있다면 **Q&A 서비스**를 통해 카페지기와 선배 엄마들의 답변을 들을 수 있어요!

2 책 기획 과정에
참여해요!

- **독자기획단**을 통해 전문 편집자와 함께 아이템 선정부터 책의 목차, 책의 구성 등을 함께 만들어가요!
- 출간 전 도서를 체험해 보는 **베타테스트**를 통해 도서의 장/단점을 파악하여 더 나은 도서를 만드는 데 기여해요!

3 재미와 선물이
팡팡 터져요!

- 매일 새로운 주제로 엄마들과 **댓글 이야기**를 나누고 간식도 받아요!
- 매주 카페 **활동왕**을 선정하여 푸짐한 상품을 드려요!
- 사진 콘테스트 등 매번 색다른 **친목 이벤트**로 재미와 선물을 동시에 잡아요!

기적의 공부방은 엄마표 학습을 응원합니다!